中小学教师教育技术能力实用教程

主　编：付　蓉　张强刚
副主编：张　波　田密娟　张　艳
参　编：唐前军

Wuhan University Press
武汉大学出版社

图书在版编目（CIP）数据

中小学教师教育技术能力实用教程/付蓉，张强刚主编. —武汉：武汉大学出版社，2015.9

ISBN 978-7-307-16692-9

Ⅰ.中… Ⅱ.①付… ②张… Ⅲ.中小学教育－教育研究 Ⅳ. G632.0

中国版本图书馆 CIP 数据核字（2015）第 204732 号

责任编辑：刘 琼　 责任校对：代秋平　 版式设计：三山科普

出版发行：**武汉大学出版社**（430072 武昌 珞珈山）
　　　　　（电子邮件：cbs22@whu.edu.cn 网址：www.wdp.com.cn）
印刷：虎彩印艺股份有限公司
开本：787×1092　 1/16　 印张：9.75　 字数：243 千字
版次：2015 年 9 月第 1 版　　 印次：2015 年 9 月第 1 次印刷
ISBN 978-7-307-16692-9　　　　 定价：21.5 元

内 容 提 要

为了进一步推动教师改革，提高教师综合素质，近几年，教育部开展了国家级培训计划，本书就是主要针对培训学员而编写的。本书以知识性、实用性为宗旨，以让中小学教师了解现代教育技术基本知识、掌握信息技术和现代教学媒体的教育应用技能为目的，对现代教育技术的基本知识、基本方法和基本技能做了比较全面的介绍。通过本书的学习，使其能够比较深入地了解信息时代的教育、教学观念，系统地学习教育技术的基本技能，熟悉教育技术的主要领域及发展动态，熟练掌握教学资源利用技术、教学媒体技术、课件开发技术和校园网建设技术，并将这些技术与学科教学紧密结合起来，有效地应用于教学之中，以提高教学质量和效率。

本书主要介绍了中小学教师应掌握的基本教育技术能力，分别从五个方面进行介绍。因此，本书共分五章，主要包括现代教育技术能力概述、教师信息技术能力、教师多媒体课件制作能力、教师教学媒体应用能力、教师校园网建设能力等内容。

本书可作为教师教育以及教育技术人员的培训教材，也可供各类学校教师、教育技术工作者和教学管理者阅读参考，还可作为高等师范院校师范类学生的教材。

前　言

国运兴衰，系于教育。教育是国家发展的基石，是人类进步的阶梯。随着信息时代的到来，知识更新的速度越来越快，教育与信息的结合成为必然，教育信息化也成为教育发展的必然趋势。

教育信息化的发展涉及众多因素，从目前的发展现状看，教师信息化教学能力是最重要的因素之一。教师职前培养与在职培训一体化思想越来越得到教育专家们的认同。在我国，从 2010 年启动的"中小学教师国家级培训计划"中，每年都有各种教育技术能力的培训。在教师专业化发展进程中，目前出台的第一个教师专业化标准就是《中小学教师教育技术能力标准（试行）》。2008 年 1 月，联合国教科文组织出台了《信息与传播技术教师能力标准》。美国同样制定了《面向教师的美国国家教育技术标准》，包括"管理者"、"教师"、"学生"三个版本。

众多的事实都在强调一个问题，即技术的学习及利用技术解决教与学的问题。特别是联合国教科文组织制定的《信息与传播技术教师能力标准》，强调新技术需要新的教师职责、新的教学法和新的教师培训办法。成功地把信息和传播技术融入课堂，需要教师具备以下几方面的能力：以一种非传统的方式构建学习环境，将新技术与新教学法相融合，开发对社会具有积极意义的课堂，鼓励合作互动、合作学习和小组工作。这又要求培养一套不同的课堂管理技能。

近几年，我们对毕业于师范院校的中小学学科教师、中小学校长、县区电教人员与教研室人员进行了广泛调研。在此基础上，为了帮助中小学教师快速、全面地获得有关现代教育技术基本理论和基本技能，我们组织编写了这本《中小学教师教育技术能力实用教程》。作为一本实用性很强的教程，我们系统介绍了现代教育技术的基本理论知识，基本的操作技能，重点突出了中小学教师的教育技术能力的培养和提高。

本书共包括五章内容。第一章为教师教育技术能力概述，介绍了中小学教师应掌握的基本教育技术能力以及基本理论，包括现代教育技术与现代教育的关系、数字化校园、智慧校园等内容；第二章为教师信息技术能力，内容主要包括信息技术能力相关知识、教师使用计算机的能力、教学信息资源建设与管理能力；第三章为教师多媒体课件制作能力，主要阐述了多媒体课件制作基础、课件制作平台分析、以 PPT 为例的课件制作、课件制作过程中常见问题及对策；第四章为教师教学媒体应用能力，介绍了各种教学媒体的使用、电子白板教室的管理与维护、网络教室的管理与维护、录播教室的管理与维护、讲学厅的管理与维护、计算机维护；第五章为教师校园网建设能力，讲解了校园网页的设计与制作、服务器基本知识、网络中心管理与维护。

本教程具有如下显著特点：

第一，凸显应用性。根据中小学教师的特点，我们尽量弱化教育技术的理论部分，突出操作性和应用性。当教程具有很强操作性时，中小学教师进行学习时就能更好地把理论与实践结合起来，这也体现了教育技术课程是一门实践应用性学科的特点。

第二，突出针对性。该教程主要是针对中小学教师编写而成的，主要讲授的是教学中会用到的各种教育技术能力，包括教学资源利用能力、课件开发能力、教学媒体使用能力、校园网建设能力等，尽量帮助中小学教师将信息技术与相应学科专业进行有效整合。

第三，本教程充分注意到中小学教师的特点和需要，教学内容贴近现实教育教学的需要，本着有用和够用的原则，渗透新课程改革、素质教育等教育新理念。

本教程由付蓉主编并负责统稿，汪志刚负责校审，具体编写人员及分工如下：张强刚负责编写第一章，唐前军负责编写第二章第一节、第三章第一节，张艳负责编写第二章第二节、第四章第六节，付蓉负责编写第二章第三节、第三章第二、三、四节，田密娟负责编写第四章的第一、二、三、四、五节，张波负责编写第五章。乐山师范学院邓迟、汪志刚等老师参与了前期资料的收集和部分整理工作；本教程也得到了乐山师范学院教务处、科研处等部门的大力支持；另外，本教程在编写过程中参考和引用了部分专家、学者的著作，在此一并致以衷心的感谢！

本教程配套的教学大纲、教学计划、教学课件等资料可以通过电子邮件 tangqianjun@lsnu.edu.cn 与我们联系获取。虽然我们尽了最大努力使本教程做到最好，但受水平和经验所限，缺点错误在所难免，恳请读者提出批评意见和建议。

编　者

目　录

第一章 教师教育技术能力概述

教育伴随着人类的产生而产生，也必然紧随着人类文明的进步而不断发展。纵观教育发展历史，科学技术的每一次进步，都会给教育带来变化。学校建设、教学设备、教育思想、教学内容、教学方法、教学手段等无一例外地与经济、社会发展密切相关。近几十年，校园建设日新月异，规范化教室基本普及。课堂教学设备从最简单的粉笔黑板到幻灯机、录音机、录像机、视盘机的应用，从多媒体教室到电子白板"班班通"，经费投入加大，科技含量增加，教学效果突显。可以设想，今后的学校必然会融入到以网络为载体，以信息技术为核心的现代社会之中。当前，数字校园无疑是教育的热门话题。数字校园是现代教育技术的一种呈现形式，隶属于现代教育技术范畴。要研究数字校园，必然要研究现代教育技术。

1.1 现代化教育与现代教育技术

1.1.1 现代化教育

现代化教育和教育现代化意思基本相同，因现代化所涵盖的内容广泛、标准不一，所以对教育现代化的理解仁者见仁，智者见智，目前并没有权威定义。教育现代化的基本含义是指用现代先进教育思想和科学技术武装人们，使教育思想、教育内容、方法与手段以及校舍与设备，逐步提高到现代的世界先进水平，培养出适应参与国际经济竞争和综合国力竞争的新型劳动者和高素质人才。具体包括教育观念现代化、教育内容现代化、教育装备现代化、师资队伍现代化、教育管理现代化等。

1.1.2 现代教育技术

现代教育技术是以现代教育思想、理论和方法为基础，以系统论的观点为指导，以现代信息技术为手段的教育技术。它是现代教学设计、现代教学媒体和现代媒体教学法的综合体现。它以实现教学过程、教学资源、教学效果、教学效益最优化为目的。现代信息技术，主要指计算机技术、数字音像技术、电子通讯技术、网络技术、卫星广播技术、远程通讯技术、人工智能技术、虚拟现实仿真技术及多媒体技术和信息高速公路。

1.1.3 现代教育技术在现代化教育中的地位和作用

现代化教育与现代教育技术密不可分，现代化教育以现代教育技术为载体，现代技术支撑现代化教育，现代教育技术在现代化教育中发挥着不可或缺的作用，没有现代教育技术便没有现代化教育。数字校园是现代教育技术发展过程中的阶段性表现形式。数字校园不是现代教育技术发展的终点，随着科学技术的发展，更多的技术产品用于教育，现代教育技术不会变，表现形式却会不断更新。

计算机技术凭借计算准确、快速、存储容量大等特点广泛应用于社会生活的方方面面，也改变了人们工作生活的方式。计算机从诞生之日起便与教育密切相关，在教育领域里广泛运用，极大地提高了工作效率和质量。从计算机辅助教学 CAI，到计算机与学科教学的整合，再到计算机与学科教学的融合，教育离不开计算机。学校图书馆管理，用人工管理人员多，信息检索慢，借还轨迹不清晰，流通数据统计困难，但用计算机图书管理系统进行智能管理，可以减少人力物力，优质高效。

多媒体技术应用于教育，改变了课堂教学方式，克服了教师基本功的不足，如书写能力、朗读能力、绘画能力等等，提升了教师专业素养。多媒体技术实现了空间转换、时间迁移、视听结合，变抽象为形象，为学生呈现事物、阐明道理提供了方便。电子白板是多媒体系统的拓展，或者说是更先进的多媒体系统。电子白板改变了教师的站位，回归到了教室前面，利于调控课堂。电子白板用白板笔或者手指书写，克服了鼠标书写的困难，写字、绘图更加流畅。针对电子白板开发的应用软件更加切合课堂教学的需要，如幕布、放大、缩小、探照灯、橡皮擦等等，模拟教学工具进一步完善，如直尺、圆规、量角器等等。录播教室在电子白板教学系统的基础上增设了课堂录制、存储、传播功能，实现了实时传播、远程观看的功能，是多种现代技术的综合应用。

网络技术应用于教育彻底改变了学校的运行模式，包括教师的工作模式和学生的学习模式，现在的学校无法设想如果没有网络该会是一个什么样的情况。国家基础教育学籍实现了全国联网，以学籍号为个人识别码，学生的注册、转学、休学、留级、死亡、出国等学籍信息可以方便、快速地查询。海量的数据存储、简易的操作方法离开"云计算"和网络是无法实现的。

卫星广播技术凭借传播速度快、覆盖地域广的优势应用于教育，使得受益面得到极大的扩展。中央电化教育馆"农村现代远程教育项目工程"的实施便是卫星广播技术应用的典型例子。这项工程通过计算机接收卫星传播数据信息，通过卫星接收机接收电视节目，再通过多种方式进行数据信息和视频信息的发布，供师生使用。这项工程使得广大的农村学校师生受益，教师学到了先进的教育思想，观摩了优秀教师的教学，真正提高了教学水平；学生学到了多方面的知识，实现了全面发展。

数字音像技术作为信息载体拓宽了信息传播的渠道，应用于教育使得电子图书、电子教材成为学生获取知识的又一途径。英语教材配备录音磁带、点读笔克服了视听传播的时间局限，反复听说，学习质量得到保证。

1.2　现代教育技术与数字化校园

随着现代教育技术的发展，教育技术对教育、教学、校园的影响越来越大，逐步发展成了今天的数字化校园。

1.2.1　什么是数字化校园

数字化校园是以信息技术为基础，通过对校园的基础设施、教学资源和教育活动进行数字化改造而构建的信息化环境。数字校园具有资源丰富、多种应用系统集成、相关业务高度整合等特征，其宗旨是通过信息技术与教育教学实践的深度融合，优化教学、教研、管理和服务等过程，提高教育教学质量和管理水平，促进师生全面发展。

中央电化教育馆《数字校园示范校建设指南（试行）》（2012 年版）从建设目标、建设原则、建设内容、师生能力、应用服务、数字资源、基础设施、保障机制八个方面对数字校园建设给出了指导意见，是规范建设数字校园的依据。其中"基础设施"是数字校园的显性表现，由校园网、数据中心、终端、多媒体教室、计算机教室、教师备课室、录播教室、校园广播系统、校园电视台、校园安全防护系统、数字阅览室、数字探究实验室、校园一卡通系统 13 个模块组成，实现宽带网络校校通、优质资源班班通、网络学习空间人人通，架构教育资源平台和教育管理公共服务平台，即三通两平台，最终形成完善的教育应用、管理体系。

各地在数字校园建设中积累了丰富的经验，形成了三种模式。根据功能需求和资金投入的差异，又有多种建设方案。2014 年，四川省乐山市沙湾区基本完成数字校园建设。以沙湾小学为例，该校教职工约 80 人，学生约 1700 人，30 个教学班，配备"班班通"教室 33 间，计算机网络教室 2 间，电子备课室 1 间，图书管理系统 1 套，多功能教室 1 间，网络中心 1 间，校园"一卡通" 1 套，录播教室 1 间，校园电视系统 1 套，移动 50M 光纤宽带和校园安全系统。基本符合中央电化教育馆数字校园建设模式三的要求。

数字校园建设是一项复杂的工程，中小学教师只能关注其中的某个方面。作为中小学教师更需要关注的是掌握设备设施的使用方法并熟练应用。

1.2.2　数字校园与学校工作

1. 数字校园工作变化

行政办公：数字校园提供行政管理服务，支持学校高效开展文件交流，知识共享，信息发布，公文审批等政务活动，全面实施办公自动化。

教育教学：数字校园提供电子备课、网络教学、网络学习、在线评估、远程实时授课等服务，为教育、教学提供丰富的资源。从学校资源、区域资源、省市级资源到国家级资源都能够方便获取。资源查询、鉴别、修改、重组、应用成为教师的必备能力。

学生发展：数字校园提供学生自主、交流、合作学习的条件，鼓励学生利用信息技术改进学习方法，提高学习效率，解决生活和学习中的实际问题，促进学生全面发展。

教师成长：数字校园为教师提供学习、研究、实践的平台，现代教育技术、现代教育思想、教师专业成长相互交融共同构建数字校园。数字校园的实现使教师生活空间突破了校园界线，用最先进的教育技术与最前卫的教学思想交流创造最新的教学成果。

2．数字校园工作策略

（1）提升信息技术能力

学校信息技术装备是学校教职工的工作平台，对教职工开展工作提出了新要求。数字校园配备了当前应用于教育教学的现代装备，教师信息技术能力在一定程度上决定了一个人的工作质量和数量。因此，中小学教师应该加强信息技术知识学习，提升信息技术能力，敢于实践，不断接受新思想、新理念，尽快熟悉新设备的工作原理、使用方法、注意事项，掌握简易维护方法，直至得心应手熟练应用。比如电子白板成为教室标准配置后，就应该尽快区别是电磁感应还是红外感应，电磁感应式白板要爱护电磁笔，轻拿轻放，防摔，及时更换电池；红外感应式则要保持白板清洁卫生，随时处理灰尘。

（2）适应数字信息环境

数字校园工作运行模式有别于教育装备落后的学校，优质高效的大量信息快速处理是显著特征。在数字校园，要学会合理安排作息时间，加快工作节奏，适应新的工作模式。如学校工作布置，常规方法是会议通知、文件通知等，数字校园则可能是 QQ、微信、短信、飞信、网站等形式，数字校园会议会减少，工作会增加。再如班主任参与学生活动，捕捉学生认真学习、愉快活动的画面用照片记录下来，发到班级 QQ 群中，让学生和家长分享，拓宽班级建设的渠道。

（3）严格要求自己

数字校园为教师提供了极大的方便，但是这个"方便"无疑是双向的。既可以利用大量的优质资源编制切实可行的教学设计，撰写高质量的教育论文，甚至提升专业技术能力，也可以轻易获取教案，胡乱拼凑人云亦云的文章。在数字校园，爱岗敬业比任何时候都要重要。钻研教材，阅读教参，精心备课是高效课堂的基础，这是任何一个教育工作者都认同的道理。电子教案的出现，严重影响了备课质量。电子教案的初衷，是选择优秀教师的教学设计供教师学习、借鉴、体会、内化，进而设计出适合自己的教学方案。有优秀教师的引领，有教师的二次开发，这种教案臻于完美，有利于广大教师提高业务水平，而且实现无纸化办公，节约社会资源。但是，电子教案的实施与初衷严重背离，部分教师在极短的时间内完成教案编制，简单勾划，备课有其形而无其实，结果严重影响了教学质量。

（4）具有一技之长

数字校园拥有大量的高科技产品，应用、维护需要一定的专业知识。中小学教师如能拥有一技之长，将会成就自己，也能为学校发展出力。如教研组进行教学研究需要打造一节公开课，课件是一个重要因素，教研组内有擅长课件制作的教师，能够为公开课增辉添彩。再如多媒体投影仪是一件精密仪器，使用中常常会出现偏色、缺色、变形、模糊等故障，会维护投影仪的教师肯定会受到同事的欢迎和学校的称赞。

（5）学会辩证思维

事物总有它的两面性，数字校园也不例外。恰当运用促进教学质量提高，错误运用则可能给师生身心带来伤害。形象直观利于提高学习兴趣，突破重点难点，但是过度的形象直观则可能导致学生文本阅读、抽象思维能力弱化。教学资源的方便获取有利于教师省时省事，但过度的省时省事也可能弱化教师的专业进取心，约束教师的创新思维。因此，在数字校园工作既要尊重权威，又要提高鉴别能力，更不能忘却自己。

1.2.3　智慧校园

人类社会永远不会停止前进的步伐，科学技术总是飞速发展。如今，智慧校园、智慧教室成为教育研究课题。随着人们对教育信息化认识程度的加深，技术和教育高度融合，借助各种智能设备，深度研究学生个体学习数据，比如有效注意、眼球移动、脉搏变化、情绪波动等，给予智能干预，实现高效学习。不妨畅想，未来的学校、教室、教师、学生都发生了巨大的变化，学校不再是独立的了，教室不再是固定的了，学生根据自己的需要自主选择课程，教师是一个或多个知识领域的专家，丰富的专业知识能够为学生设计个别化教学方案，实现真正意义上的因材施教，引领学生成长。

第二章 教师信息技术能力

以教育信息化带动教育现代化，破解制约我国教育发展的难题，促进教育的创新与变革，是加快从教育大国向教育强国迈进的重大战略抉择。教育信息化充分发挥现代信息技术优势，注重信息技术与教育的全面深度融合，在促进教育公平和实现优质教育资源广泛共享、提高教育质量和建设学习型社会、推动教育理念变革和培养具有国际竞争力的创新人才等方面具有独特的重要作用，是实现我国教育现代化宏伟目标不可或缺的动力与支撑。这就需要教师具有一定的信息技术能力。

2.1 信息技术能力概述

2.1.1 什么是信息技术

信息技术（Information Technology，缩写 IT）是主要用于管理和处理信息所采用的各种技术的总称。我们理解信息技术教育中的信息技术，可以从广义、中义、狭义三个层面来理解。

广义而言，信息技术是指能充分利用与扩展人类信息器官功能的各种方法、工具与技能的总和。该定义强调的是从哲学上阐述信息技术与人的本质关系；中义强调的是人们对信息技术功能与过程的一般理解。狭义而言，信息技术是指利用计算机、网络、广播电视等各种硬件设备及软件工具与科学方法，对文字、图片、声音、影像等各种信息进行获取、加工、存储、传输与使用的技术之和。该定义强调的是信息技术的具体实现与操作的途径与方法。

在教育行业中，我们可以这样来理解信息技术：获取、存储、处理、应用和表达各种信息（如文字、图片、声音、动画、视频等）所用到的技术的总称。

2.1.2 学校工作与信息技术

信息技术在我们的学校教育中发挥着重要的作用。

1. 信息技术与学校管理

信息技术主要是通过对学校各种管理信息的收集、处理、传送、分析等来实现对学校管理的。它在学校管理中具有信息收集全面、处理准确、传送快捷、分析科学等特点。因此它在学校管理中的运用是学校管理现代化的重要标志。

用系统科学的观点来看，学校是社会这个大系统中的一个子系统，构成学校这个子系统的要素有人、财、物、事和信息。要素中的人主要包括教育者与受教育者，他们通过与信息技术环境的相互作用形成了学校的教学、管理等一系列活动；财与物是指为满足学校的各项活动所需的资金和学校的设施、材料等。这些财与物通过信息技术手段的介入才能实现物尽其用，财尽所为；信息则是指与学校各项活动有关的数据、知识和资料。学校中的各种信息只有通过快捷、准确的处理才能实现学校的科学管理。

从学校管理过程来看，所谓学校管理，是学校管理人员围绕学校基本目标，对学校各项工作、各种因素进行计划、组织、指导和控制等活动的过程。学校的基本目标可分为学校总体目标和分类目标，前者包括办学和教育的总方针、定量目标和保证措施。对学校管理目标的量化、管理、分析等只有以信息技术为手段，才能做到公证、公平、科学、合理。

对学校管理实现目标管理的同时，还要做到学校管理方法和管理手段的现代化。学校管理方法与手段的现代化，首先要保证学校管理思想的现代化，就是从学校实际出发，确立与现代教育相适应的、融入信息技术理念的管理思想；其次是学校管理方法现代化，学校管理中应该运用系统论、信息论和控制论的理论和方法，借鉴现代管理科学的成果并加以充实和发展；再次，管理手段的现代化也是不容忽视的，随着社会的发展和教育信息化步伐的加快，学校管理的信息量不断增加，对管理信息处理的时效性要求以及管理的复杂程度大大提高，在这种情况下，只有应用信息技术辅助进行管理，才能使大量的信息处理能够准确、及时地进行，才能使前述的现代化管理思想和方法付诸实现。因此可以说，信息技术的应用是学校管理现代化的一个重要标志。

2．信息技术与教师教学

教育技术能力已经成为教师专业技能的重要组成部分，教师一旦具备了较强的信息技术应用能力，就可以带动教师专业技能中与信息技术密切相关的专业能力的提高，例如带动信息化教学能力、信息化教学管理能力、教学监控能力、组织协调能力、教学反思能力和科研能力的提高。

3．信息技术与学生学习

信息技术对于我们的教育起到了至关重要的影响，开阔我们的视野，可以实现很多目标。这不仅指教师的教学，还包括学生的学习，尤其是对学生的学习方式的改进和学习态度的影响，起了很大作用。

有效的学习活动不能单纯地依赖模仿与记忆，动手实践、自主探索与合作交流更是学生学习的重要方式。利用信息技术，可以实现学习方式的根本转变，从以教师讲授为主转为以学生动脑动手自主研究、小组学习讨论交流为主。倡导学生的学习要以"主动参与、乐于探究、交流与合作"为主要特征。学生是学习的主人，通过自己的活动得出结论，促进了学生积极的思维，学生可以借助必要的信息技术，按照自己的学习意愿，有目的地开展一些学习活动。通过这些活动进行同学间、师生间的合作与交流，以达到自主学习的目的。

2.1.3　教师信息技术能力

教育部办公厅在 2014 年 5 月 27 日发布了《中小学教师信息技术应用能力标准（试行）》，如表 1 所示，它根据我国中小学校信息技术实际条件的不同、师生信息技术应用情境的差异，对教师在教育教学和专业发展中应用信息技术提出了基本要求和发展性要求。其中，维度 I "应用信息技术优化课堂教学"的能力为基本要求，主要包括教师利用信息技术进行讲解、启发、示范、指导、评价等教学活动应具备的能力；维度 II "应用信息技术转变学习方式的能力"为发展性要求,主要针对教师在学生具备网络学习环境或相应设备的条件下,利用信息技术支持学生开展自主、合作、探究等学习活动所应具有的能力。本标准根据教师教育教学工作与专业发展主线,将信息技术应用能力划分为技术素养、计划与准备、组织与管理、评估与诊断、学习与发展五个维度。中小学教师信息技术应用能力标准参见表2-1。

表 2-1 中小学教师信息技术应用能力标准

维度	I. 应用信息技术优化课堂教学	II. 应用信息技术转变学习方式
技术素养	1. 理解信息技术对改进课堂教学的作用,具有主动运用信息技术优化课堂教学的意识	1. 了解信息时代对人才培养的新要求,具有主动探索和运用信息技术变革学生学习方式的意识
	2. 了解多媒体教学环境的类型与功能,熟练操作常用设备	2. 掌握互联网、移动设备及其他新技术的常用操作,了解其对教育教学的支持作用
	3. 了解与教学相关的通用软件及学科软件的功能及特点,并能熟练应用	3. 探索使用支持学生自主、合作、探究学习的网络教学平台等技术资源
	4. 通过多种途径获取数字教育资源,掌握加工、制作和管理数字教育资源的工具与方法	4. 利用技术手段整合多方资源,实现学校、家庭、社会相连接,拓展学生的学习空间。
	5. 具备信息道德与信息安全意识,能够以身示范	5. 帮助学生树立信息道德与信息安全意识,培养学生良好行为习惯。
计划与准备	6. 依据课程标准、学习目标、学生特征和技术条件,选择适当的教学方法,找准运用信息技术解决教学问题的契合点	6. 依据课程标准、学习目标、学生特征和技术条件,选择适当的教学方法,确定运用信息技术培养学生综合能力的契合点
	7. 设计有效实现学习目标的信息化教学过程	7. 设计有助于学生进行自主、合作、探究学习的信息化教学过程与学习活动
	8. 根据教学需要,合理选择与使用技术资源	8. 合理选择与使用技术资源,为学生提供丰富的学习机会和个性化的学习体验
	9. 加工制作有效支持课堂教学的数字教育资源	9. 设计学习指导策略与方法,促进学生的合作、交流、探索、反思与创造
	10. 确保相关设备与技术资源在课堂教学环境中正常使用	10. 确保学生便捷、安全地访问网络和利用资源
	11. 预见信息技术应用过程中可能出现的问题,制订应对方案	11. 预见学生在信息化环境中进行自主、合作、探究学习可能遇到的问题,制订应对方案
组织与管理	12. 利用技术支持,改进教学方式,有效实施课堂教学	12. 利用技术支持,转变学习方式,有效开展学生自主、合作、探究学习
	13. 让每个学生平等地接触技术资源,激发学生学习兴趣,保持学生学习注意力	13. 让学生在集体、小组和个别学习中平等获得技术资源和参与学习活动的机会
	14. 在信息化教学过程中,观察和收集学生的课堂反馈,对教学行为进行有效调整	14. 有效使用技术工具收集学生学习反馈,对学习活动进行及时指导和适当干预。
	15. 灵活处置课堂教学中因技术故障引发的意外状况。	15. 灵活处置学生在信息化环境中开展学习活动发生的意外状况
	16. 鼓励学生参与教学过程,引导学生提升技术素养并发挥其技术优势。	16. 支持学生积极探索使用新的技术资源,创造性地开展学习活动
评估与	17. 根据学习目标科学设计并实施信息化教学评价方案	17. 根据学习目标科学设计并实施信息化教学评价方案,并合理选取评价工具

（续）

诊断	18．尝试利用技术工具收集学生学习过程信息，并能整理与分析，发现教学问题，提出针对性的改进措施	18．综合利用技术手段进行学情分析，为促进学生的个性化学习提供依据
	19．尝试利用技术工具开展测验、练习等工作，提高评价工作效率	19．引导学生利用评价工具开展自评与互评，做好过程性和终结性评价
	20．尝试建立学生学习电子档案，为学生综合素质评价提供支持	20．利用技术手段持续收集学生学习过程及结果的关键信息，建立学生学习电子档案，为学生综合素质评价提供支持
学习与发展	21．理解信息技术对教师专业发展的作用，具备主动运用信息技术促进自我反思与发展的意识	
	22．利用教师网络研修社区，积极参与技术支持的专业发展活动，养成网络学习的习惯，不断提升教育教学能力	
	23．利用信息技术与专家和同行建立并保持业务联系，依托学习共同体，促进自身专业成长	
	24．掌握专业发展所需的技术手段和方法，提升信息技术环境下的自主学习能力	
	25．有效参与信息技术支持下的校本研修，实现学用结合	

2.2 计算机技术

2.2.1 Windows 基础

Windows 操作系统是由美国微软公司开发的窗口化操作系统，是目前世界上使用最广的操作系统之一。

从 1983 年，微软集团对外宣布在 MS-DOS 上开发 GUI(图形接口)操作系统起，windows 家族距今已有 32 年的历史了。Windows 系统从 Windows95、Windows98、Windows2000、Windowsxp、Windowsvista，发展到今天比较广泛使用的 Windows7 和 Windows8。

下面我们主要对 Windows7 系统进行详细的介绍。

一、Windows7 的硬件安装环境

•1GHz 32 位或 64 位处理器

•1GB 内存（基于 32 位）或 2GB 内存（基于 64 位）

•16GB 可用硬盘空间（基于 32 位）或 20GB 可用硬盘空间（基于 64 位）

•带有 WDDM 1.0 或更高版本的驱动程序的 DirectX9 图形设备

二、Windows7 的桌面

（一）桌面图标

桌面上的小型图片，我们称之为图标，可视为我们打开存储文件或程序的入口。将鼠标指向这些图标，我们可以查看其标识名称、类型、创建日期、大小等信息。

要打开文件或程序，我们只需双击该图标即可。桌面上常用图标可参看表 2-2：

表 2-2　桌面图标功能介绍

桌面图标名称	功能介绍
计算机	显示硬盘和驱动器中的内容
Administrator	用户个人文件夹
Internet Explorer	上网入口
网络	显示指向网络中的计算机、打印机和网络上其他资源的快捷方式
回收站	存放被删除的文件或文件夹

（二）桌面小工具

Windows7 操作系统自带了 8 个实用小工具。在桌面上空白位置处，右键，即可打开"小工具"的管理界面。如果需要，你可以拖动你需要的工具到桌面的任何位置。桌面小工具如图 2-1 所示。

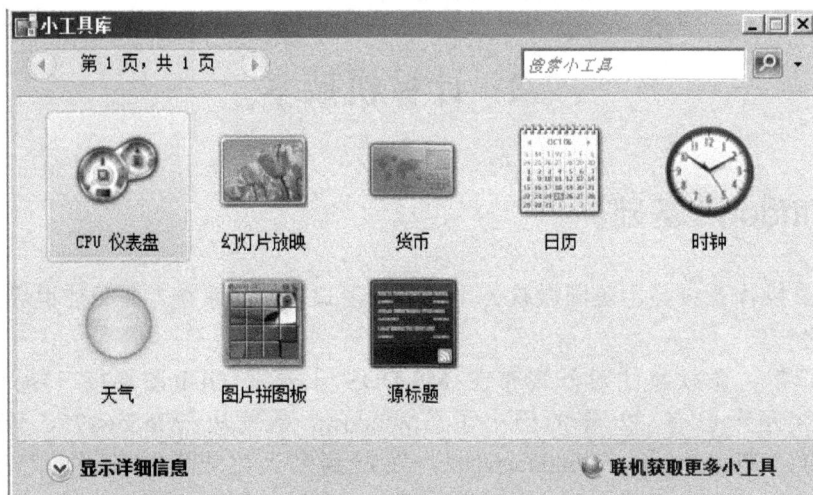

图 2-1　桌面小工具

（三）任务栏

进入 Windows7 系统后，在屏幕底部有一条狭窄带，我们称之为"任务栏"。任务栏分为四个区域，它们分别是"开始"按钮、"任务栏按钮区"、"通知区域"、"显示桌面区"。其任务栏界面如图 2-2 所示。

"开始"按钮　　　　任务栏 按钮 区　　　　　　　　通知区域　　显示桌面

图 2-2　任务栏简介

三、基本操作对象

（一）窗口

1）Windows7 中窗口分为文件窗口和应用程序窗口。

2）窗口的基本操作主要有：打开和关闭窗口、移动窗口、调整窗口大小、排列窗口和切换窗口等。

（二）对话框

1）对话框是系统与用户"对话"的窗口。它包含按钮和各种选项，通过它们可以完成特定的任务和命令。

2）对话框不同于窗口，它不能改变形状大小，没有最大化、最小化按钮。

3）不同的对话框在组成上会有所不同。

（三）菜单

1）菜单是将命令用列表的形式组织起来，当用户需要执行某种操作时，用户只需选择相应的命令即可进行操作。

2）windows7 中的菜单包括开始菜单、应用程序菜单、窗口控制菜单、右键快捷菜单等。

2.2.2　文件操作管理基础

计算机中的所有信息（包括文字、数字、图像、图形、声音和视频等）都是以文件形式存放的。文件就是一组相关信息的集合，是数据组织的最小单位。

一、文件

1. 文件的命名

文件名是文件的唯一标识，是存取文件的依据。每个文件都有文件名。

在 Windows 7 系统中，文件的文件名由文件名和扩展名组成，其格式为"文件名.扩展名"。文件名的命名有一定规则，具体如下：

1）文件名可以由 26 个英文字母、中文字符、0-9 的数字以及一些特殊的符号组成。但需要注意的是，空格不能用在文件名的开始位置，还有不能使用/、\、 ：、*、? 、<、>、&、】这 9 个特殊的符号。

2）文件名最长可包含 255 个字符。

3）文件名和文件夹名不区分大小写。

4）文件扩展名标识了文件的类型，不可随意修改。

2. 文件的类型

文件的类型由文件的扩展名标识，系统对扩展名与文件类型有特殊的约定，常见文件类型及其扩展名如表 2-3 所示。

表 2-3　文件类型及其扩展名

扩展名	文件类型	扩展名	文件类型	扩展名	文件类型
*.asc	Ascii 码文件	*.gif	图形文件	*.png	图形文件

（续）

扩展名	文件类型	扩展名	文件类型	扩展名	文件类型
*.avi	音视频文件	*.hlp	帮助文件	*.ppt/*.pptx	演示文稿文件
*.bat	批处理文件	*.htm	超文本文件	*.reg*	注册表文件
*.bak	备份文件	*.html	超文本文件	*.scr	屏幕保护程序文件
*.bin	Doc 二进制文件	*.ico	Windows 图标文件	*.sys	系统文件
*.bmp	位图文件	*.ini	系统配置文件	*.tmp	临时文件
*.c	C 语言文件	*.jpg	图形文件	*.txt	文本文件
*.cpp	C++语言程序	*.lib	编程语言中库文件	*.wav	声音文件
*.dl	Windows 动态链接库	*.mbd	Access 表格文件	*.wps	Wps 文件
*.doc *.docx	Word 文档	*.midi	音频文件	*.wma	Windows 媒体文件
*.drv	驱动程序文件	*.mp3	声音文件	*.xls/*.xlsx	电子表格文件
*.exe	可执行文件	*.mpeg	视频文件 VCD	*.zip	压缩文件
*.fcn	字体文件	*.obj	目标文件		

3．文件的属性

在文件属性"常规"选项卡中包含文件名、文件类型、打开方式、位置、大小、占用空间、创建时间、修改时间和访问时间等。其文件属性对话框如下图 2-3 所示。

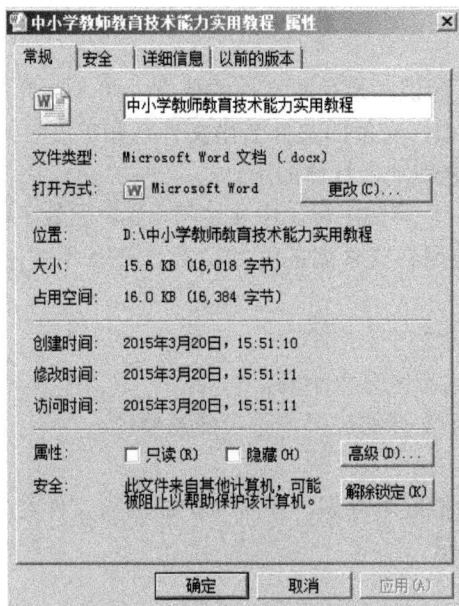

图 2-3　文件属性对话框

文件的属性有三种：只读、隐藏、存档。这三种文件属性的区别如表 2-4 所示。

表 2-4　文件属性的特征

属性名称	特征
只读	此类文件只能做读操作，不能对文件进行写操作
存档	此类文件用来标记文件的改动
隐藏	此类文件为了保护某些文件或文件夹，将其设定为隐藏文件，即可对其进行隐藏

二、文件夹

文件夹是用来组织和管理磁盘文件的一种数据结构，是计算机磁盘空间为了分类存储文件而建立独立路径的目录。

1．文件夹的结构

Windows 系统中，文件夹都采用树状目录结构。在计算机中，每个磁盘都有一个根文件，每个根文件又由若干个不同的文件和文件夹组成。注意文件夹既可以包含下一级文件夹，也可以包含文件。

2．文件夹的路径

文件在树形文件夹中的位置可以从根文件出发，到达该文件所在的子文件夹之间依次经过的一连串用反斜夹杠隔开的文件夹名称的序列，我们称之为路径。

文件夹的路径分为相对路径和绝对路径。相对路径表示从根文件开始的路径，以"\"作为开始。而绝对路径是从当前文件夹开始的路径。

三、文件与文件夹操作

（一）选定文件或文件夹

1．选定单个文件或文件夹

鼠标左键单击你要选定的文件或文件夹，即可选定单一的文件或文件夹。

2．选定多个不连续的文件或文件夹

按住 ctrl 键不放，然后逐个单击你要选定的文件或文件夹，即可选定多个不连续的文件或文件夹。

3．选择连续的多个文件或文件夹

鼠标左键单击第一个文件或文件夹，然后按住 shift 键单击最后一个要选择的文件夹或文件夹，即可选定连续的多个文件或文件夹。

4．全部选定文件或文件夹

方法一：找到目标路径下的文件或文件夹，然后选择"编辑"菜单下的"全部选定"，即可选定该路径下的所有文件或文件夹。

方法二：在目标路径下，按住 ctrl+A，即可选定指定路径下的全部文件或文件夹。

（二）新建文件夹

在需要新建文件夹的路径下，点击"文件"→"新建"→"文件夹"命令（或者在此路径下的空白处右键点击"新建"→"文件夹"），输入这个新建文件夹的名字后，点击 enter 键或单击其他任何地方，即可添加新建的文件夹。

（三）重命名文件或文件夹

选择需要重命名的文件或文件夹，然后选择"文件"→"重命名"命令（或者右键|"重命名"），最后输入新的名称，按 enter 键，即可更改文件或文件夹名称。

(四）复制、剪切文件或文件夹

1. 复制

方法一：选中要复制的一个或多个文件或文件夹，然后点击选择"编辑"→"复制"命令(或者右击→"复制")，选定的文件或文件夹被复制到剪贴板中，然后打开目标文件夹，选择"编辑"→"粘贴"命令(或者在此路径下的空白处右击键点击选择"粘贴")。

方法二：选中要复制的一个或多个文件或文件夹，然后按 ctrl 键+C 命令，实现文件的复制，然后打开目标文件夹，在此文件夹的空白处按 ctrl 键+V，即可实现文件或文件夹的粘贴功能。

2. 剪切

方法一：选中要剪切的一个或多个文件或文件夹，然后点击选择"编辑"→"剪切"命令（或要右击→"剪切"），然后打开目标文件夹，选择"编辑"→"粘贴"命令（或者在此路径下的空白处右键点击选择"粘贴"）。

方法二：选中要剪切的一个或多个文件或文件夹，然后按 ctrl 键+X 命令，然后打开目标文件夹，在此文件夹的空白处按 ctrl 键+V，原来的文件或文件夹就移动到新的目标文件夹下。

（五）删除文件或文件夹

方法一：选中要删除的一个或多个文件或文件夹，然后点击选择"编辑"→"删除"命令。

方法二：选中要删除的一个或多个文件或文件夹，然后单击鼠标右键，点击"删除"命令。

方法三：使用 delete 键和 shift+delete 组合键。Delete 键删除的文件放在回收站里，可以还原。而 shift+delete 键删除的对象不可还原，是不经回收站彻底删除的。

（六）修改文件属性

选中要修改的文件，单击鼠标右键，在弹出的菜单中选择"属性"，在属性的对话框里，可以选择"只读或隐藏"。

（七）创建快捷方式

选中要创建快捷方式的文件或文件夹，然后右键，在弹出的快捷菜单中选择"发送到"→"桌面快捷方式"，即可为该文件或文件夹创建桌面快捷方式。

（八）文件扩展名

Windows 系统中，文件扩展名一般默认是隐藏的，用户要查看其扩展名，必须进行相关设置，使其扩展名显示出来。具体操作如下：

在"计算机"窗口的菜单栏下，选择"工具"→"文件夹选项"→"查看"→"高级设置"，在高级设置列表下，取消勾选"隐藏已知文件类型的扩展名"复选框，然后点击"确定"，即可显示文件的扩展名。

（九）搜索文件或文件夹

在计算机操作中，经常会出现某个文件或文件夹不知放在电脑的某个位置的情况，手动查找十分缓慢。这时候大家就可以借助搜索功能来快速找到这个文件或文件夹。

Windows7 具有强大的搜索功能。

方法一：单击"开始"菜单，单击"搜索文本框"。如下图所示，在弹出的搜索框里输入相关信息（如：你要找风景的图片，可以输入"风景.jpg"），单击"■"按钮，即可查找出所有相关的文件内容。其搜索界面如图 2-4 所示。

图 2-4　搜索文本框 1

方法二：在"计算机"窗口的菜单栏下，单击"搜索"文本框，然后在搜索文本框里输入要查找的文件或文件夹信息，点击搜索文本框后面的"■"按钮，即可搜索出相关信息。其搜索界面如下图 2-5 所示。

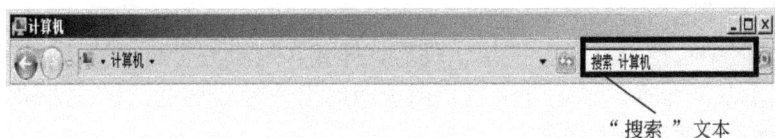

图 2-5　搜索文本框 2

2.2.3　Office2010 基础

Microsoft Office 2010，是微软推出的新一代办公软件。Office 2010 可支持 32 位和 64 位 vista 及 Windows7，仅支持 32 位 WindowsXP，不支持 64 位 XP。

Microsoft Office 2010 包括 Microsoft word 2010、Microsoft excel 2010、Microsoft PowerPoint 2010 等组件，这里我们只对 Microsoft word 2010 和 Microsoft excel 2010 进行详细的介绍。

一、Word2010 文档

（一）Word2010 简介

Word2010 是 Microsoft 公司开发的 Office2010 办公组件之一，主要用于文字处理工作。其界面窗口如下图 2-6 所示：

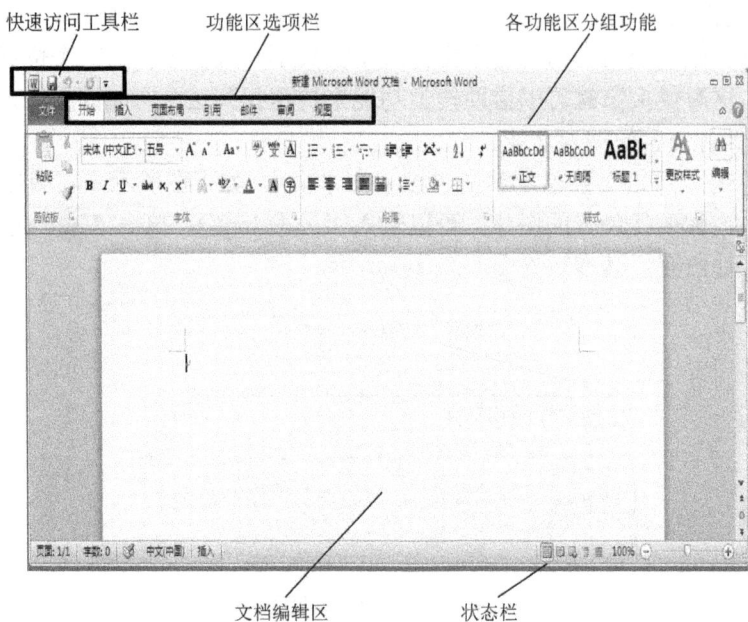

图 2-6 word2010 窗口简介

Word2010 取消了传统的菜单操作方式，而代之于各种功能区。每个功能区根据功能的不同又分为若干个组，每个功能区所拥有的功能如下所述：

1．"开始"功能区

"开始"功能区中包括剪贴板、字体、段落、样式和编辑五个组，对应 Word2003 的"编辑"和"段落"菜单部分命令。该功能区主要用于帮助用户对 Word2010 文档进行文字编辑和格式设置，是用户最常用的功能区。

2．"插入"功能区

"插入"功能区包括页、表格、插图、链接、页眉和页脚、文本、符号和特殊符号几个组，对应 Word2003 中"插入"菜单的部分命令，主要用于在 Word2010 文档中插入各种元素。

3．"页面布局"功能区

"页面布局"功能区包括主题、页面设置、稿纸、页面背景、段落、排列几个组，对应 Word2003 的"页面设置"菜单命令和"段落"菜单中的部分命令，用于帮助用户设置 Word2010 文档页面样式。

4．"引用"功能区

"引用"功能区包括目录、脚注、引文与书目、题注、索引和引文目录几个组，用于实现在 Word2010 文档中插入目录等比较高级的功能。

5．"邮件"功能区

"邮件"功能区包括创建、开始邮件合并、编写和插入域、预览结果和完成几个组，该功能区的作用比较专一，专门用于在 Word2010 文档中进行邮件合并方面的操作。

6．"审阅"功能区

"审阅"功能区包括校对、语言、中文简繁转换、批注、修订、更改、比较和保护几个组，主要用于对 Word2010 文档进行校对和修订等操作，适用于多人协作处理 Word2010 长文档。

7.“视图”功能区

“视图”功能区包括文档视图、显示、显示比例、窗口和宏几个组，主要用于帮助用户设置 Word2010 操作窗口的视图类型，以方便操作。

8.“加载项”功能区

“加载项”功能区包括菜单命令一个分组，加载项是可以为 Word2010 安装的附加属性，如自定义的工具栏或其他命令扩展。“加载项”功能区可以在 Word2010 中添加或删除加载项。

（二）Word2010 基本操作

1．word2010 文件操作

该功能包括新建 word 文档、保存 word 文档。

➤新建 word 文档：

点击“开始菜单”，点击“所有程序”，选择“Microsoft Office”→“Microsoft Word 2010”，即可新建一个“文档 1”的 word 文档。

➤保存 word 文档：

输入文字信息，编辑该文档。点击文件菜单下的“保存”，即可保存该文档。

2．字体设置

1）选中需要设置字体的文字或段落。

2）在“开始”功能区中的“字体”分组中，单击“字体”按钮，弹出如下图 2-7 对话框。

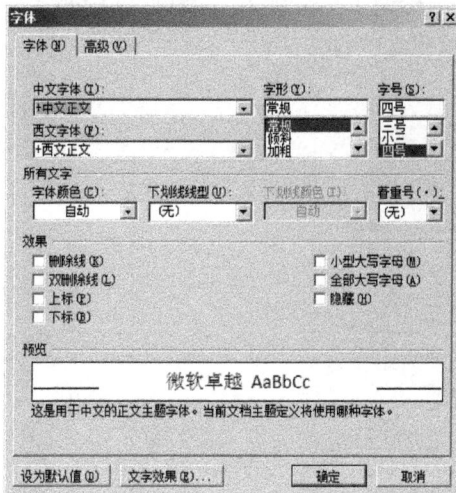

图 2-7　字体对话框

3）在“字体”选项里，我们可以对字体、字形、字号、颜色、下划线、上标、下标、着重号、文字效果等进行设置。

4）在高级选项里，可以对文字进行字符间距设置。

5）设置完成后，单击“确定”，即可完成字体设置。

3．段落设置

1）选中需要设置的段落。

2）在"开始"功能区中的"段落"分组中，单击"段落"按钮，弹出如下图 2-8 所示对话框。

➢段落对齐方式

在段落对话框里我们可以对段落对齐方式进行设置，段落对齐方式有两端对齐、居中对齐、左对齐、右对齐。对于中文来说，标题和副标题采用居中对齐，称呼采用左对齐，落款采用右对齐。

➢段落缩进

当我们要改变文本与页边距之间的距离时，可通过减少或增加缩进量来实现。默认状态下，段落左右缩进量都是零。特殊格式包括首行缩进和悬挂缩进，中文一般要求段落开始首行缩进 2 个字符，而悬挂缩进可根据需要进行设置。

➢段落间距和行距

段落间距是指段落与段落之间的距离。段落间距有段前间距和段后间距两种，其单位有行和磅。

行距是指段落中各行文字之间的垂直距离。其形式有单倍行距、多倍行距、最小值、固定值、2 倍行距、1.5 倍行距，其单位有磅和行。用户可根据需要进行设置。

3．样式

1）选中需要设置样式的文字。

2）在"开始"功能区中的"样式"分组中，单击"样式"按钮，弹出如下图 2-9 所示对话框。常见的样式有正文、标题 1、标题 2、标题、副标题等。

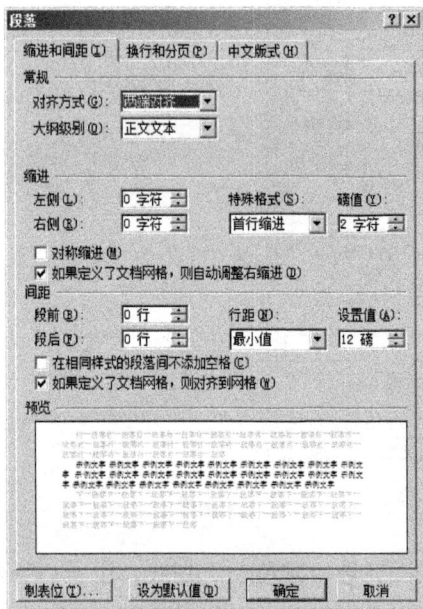

图 2-8　段落对话框图

图 2-9　样式对话框

在样式对话框里，我们可以根据需要进行样式设置。

4．编辑

在"开始"功能选项下面最后是"编辑"。它具有三个功能，分别是查找、替换、选择。

➢查找

单击"编辑"选项组中的"查找"，在"导航"任务窗格输入需要查找的文本。查找到的文本将以黄色突出显示出来。

➢替换

单击"编辑"选项组中的"替换"，弹出如图 2-10 所示对话框，在"导航"任务窗格"查找内容"里输入需要查找的文本，在"替换为"里输入新的文本。点击全部替换，则原来的文本信息被新的文本覆盖。

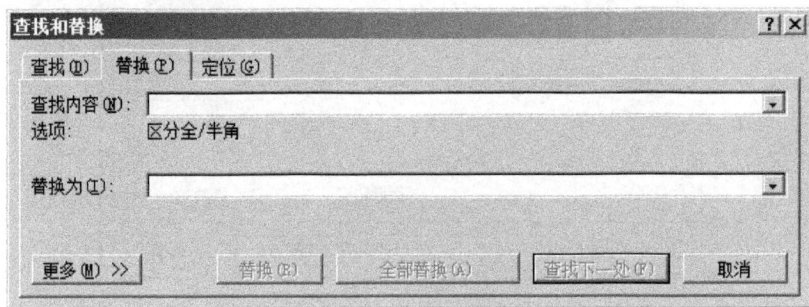

图 2-10　查找和替换

➢选择

我们在选择文本时，最常用的方法是拖动鼠标选择文本。这里给大家介绍几种快捷的选择操作。

①全选（Ctrl+A）

②选择垂直文本。按住 Alt 键，拖动鼠标选择。

③选择不相邻的文件。按住 Ctrl 键，拖动鼠标选择不相邻的文本内容。

5．表格

表格操作主要包括插入表格、表格属性设置、合并单元格和拆分单元格。

➢插入表格

在"插入"功能区的"表格"分组中，点击"表格"下拉三角按钮，选择"插入表格"选项，弹出如图 2-11 所示的对话框，根据需要可设置表格的行、列数及列宽等。

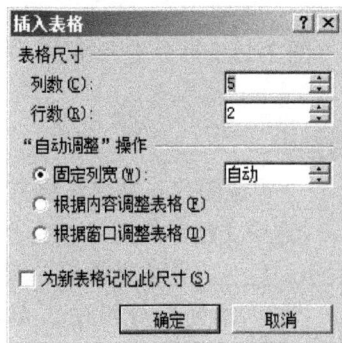

图 2-11　插入表格对话框

➢设置表格属性

选定表格，在"布局"功能区的"单元格大小"分组中，单击"表格属性"按钮，或者选中表格单击右键，在弹出的快捷菜单中选择"表格属性"命令，弹出如图 2-12 对话框，在此对话框里可以对表格的行高、列宽、单元格、对齐、缩进、环绕等进行设置。

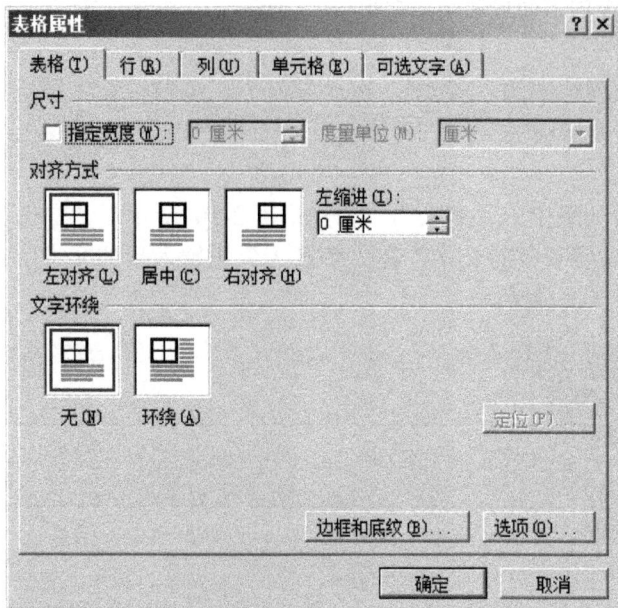

图 2-12　表格属性对话框

➤合并、拆分单元格

选定要合并的单元格后，在"布局"功能区的"合并"分组中，单击合并单元格，或者选中要合并的单元格，右键单击，在弹出的快捷菜单中选择"合并单元格"命令，可以合并单元格。同样选定单元格，在"布局"功能区的"合并"分组中，单击"拆分单元格"，弹出如图 2-13 对话框，在此对话框里设置好行数、列数，单击"确定"即可拆分单元格。

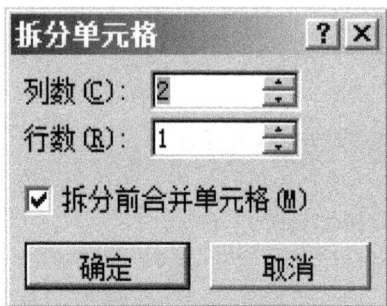

图 2-13　拆分单元格对话框

6．插图处理

➤在文档中插入图片或剪贴画

将鼠标指针定位到要插入图片或剪贴画的位置，点击"插入"功能区的"图片"或"剪贴画"，然后选择本地图片或剪贴画里自带的图片，即可插入相关图片或剪贴画。

➤设置图片与文字环绕方式

选中文档中的图片，在"格式"功能区里，我们可以进行图片的相关设置，如调整图片大小、颜色、艺术效果等。

在"排列"分组中，单击自动换行下的三角按钮，弹出如下对话框，选择相关的环绕方式，即可设置图片的环绕方式。常见的环绕方式有两种：嵌入和浮动。浮动意味着可将图片拖动到文档的任何位置，而嵌入意味着图片嵌入到文档文字图层中，不可随意移动。

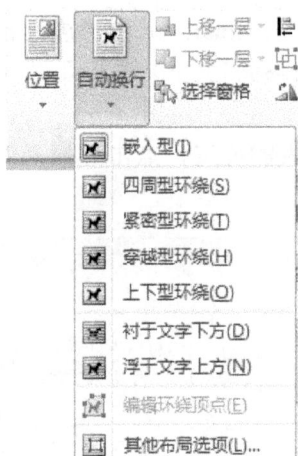

图 2-14　图片环绕方式对话框

➢在文档中插入 SmartArt 图

将鼠标指针定位到要插入 SmartArt 图形的位置，点击"插入"功能区的"SmartArt"按钮，弹出如图 2-15 对话框，选择相应的图形，点击确定，即可插入 SmartArt 图形。

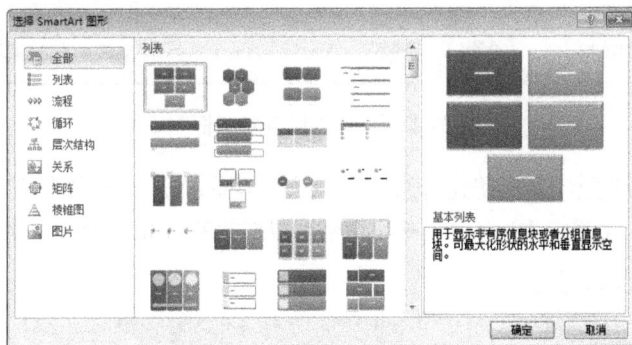

图 2-15　SmartArt 图形对话框

最后用户在 SmartArt 图形中左侧的文字编辑区域，如图 2-16 所示，输入所需信息，即可完成 SmartArt 图形的文本信息。

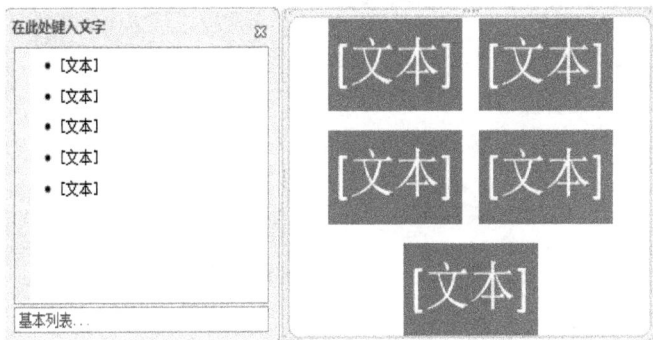

图 2-16　SmartArt 图形文本编辑

点击该 SmartArt 图形可以对该 SmartArt 图形进行布局和样式的设计，还可对其格式（形状、形状大小、艺术字样式、排列和大小）进行设置。

➤在文档中插入图表

将鼠标指针定位到要插入图表的位置，点击"插入"功能区的"图表"，弹出如图 2-17 对话框。

图 2-17　插入图表对话框

选择相应的图表类型，点击确定即可插入图表。同时打开一个名为"Microsoft Word 中的图表"的 excel 表格，如图 2-18 所示。在此表格可以对类别、系列及相关数据进行编辑。

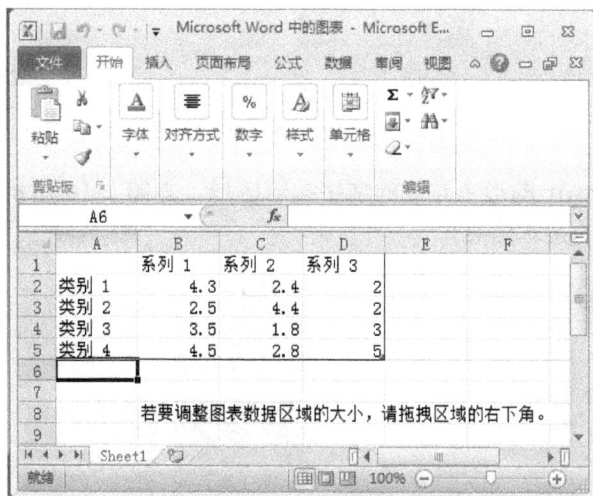

图 2-18　图表数据编辑对话框

7．页眉、页脚、页码

➤页眉

在"插入"功能区下，选择"页眉和页脚"分组，单击"页眉"按钮，选择页眉位置。在光标闪烁处输入文字，即可添加页眉。

➤页脚

在"插入"功能区下，选择"页眉和页脚"分组，单击"页脚"按钮，选择页脚位置。在光标闪烁处输入文字，即可添加页脚。

➤页码

在"插入"功能区下，选择"页眉和页脚"分组，单击"页码"按钮，先进行页码格式设置，然后再选择页码位置，其操作如下图 2-19 所示。在光标闪烁处输入页码，即可添加页码。

8．文本设置

➤文本框

在"插入"功能区下的"文本"选项组下，单击"文本框"按钮。在弹出的下拉菜单中，用户可以在"内置"的文本框样式中选择适合的文本框类型。

➤艺术字

在需要插入艺术字的位置，用户点击"插入"功能区下的"文本"选项组，单击"艺术字"按钮。在弹出的下拉菜单中，用户可以选择适合的艺术字类型，最后在艺术字框内输入相关文字，即可添加艺术字。

➤首字下沉

选定需要设置的文字，在"插入"功能区的"文本"分组中，单击"首字下沉"下拉三角按钮，选择"首字下沉选项"，弹出如图 2-20 的对话框。

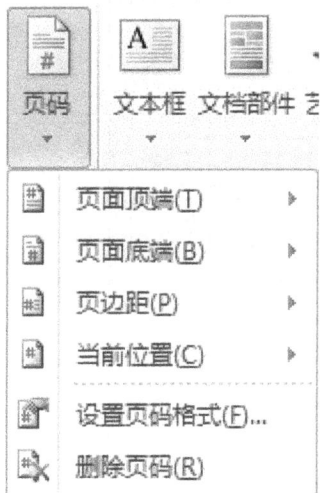

图 2-19　页码对话框　　　　　　　　　　图 2-20　首字下沉选框

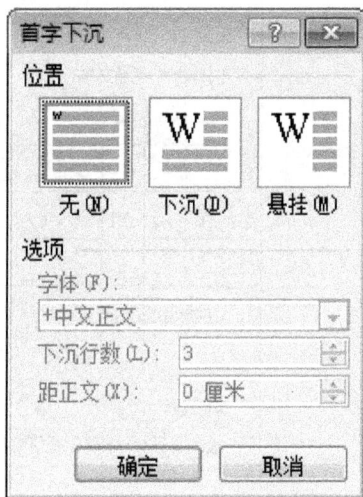

在此对话框里设置下沉位置、下沉行数、字体、距正文的距离等，然后单击"确定"按钮，即可设置首字下沉。

9．符号

➤公式

将光标放置在需要计算结果的单元格，在"布局"功能区的"数据"分组中，单击"公式"按钮，弹出如图 2-21 所示的对话框。

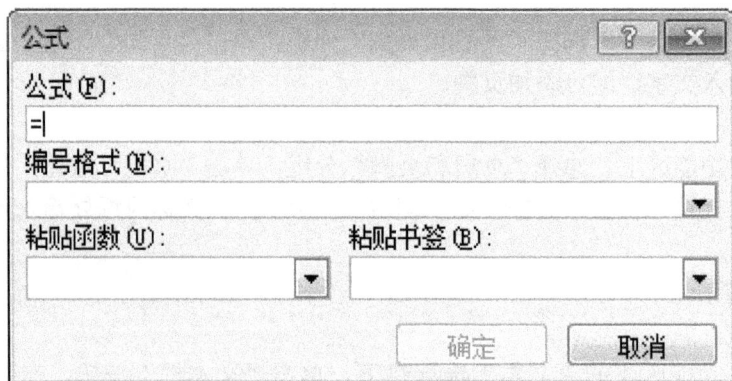

图 2-21　公式对话框

在"粘贴函数"下拉列表中选择公式，或者在"公式"文本框中直接输入计算公式，根据需要选择数字格式，单击"确定"按钮，即可计算出结果。

➤符号

需要插入符号的位置，在"插入"功能区的"符号"分组中，单击"符号"下拉三角按钮，选择"其他符号"，弹出如图 2-22 所示对话框。

图 2-22　符号对话框

选定需要插入的符号，单击"插入"按钮，即可插入符号。

10．页面设置

在"页面布局"功能区的"页眉设置"分组下，我们可以对纸张的页边距、纸张方向、纸张大小等进行设置。

11．脚注、尾注

选定需要设置脚注的文字，在"引用"功能区的"脚注"分组下，单击"脚注和尾注"按钮，弹出如图 2-23 所示的对话框，选择插入位置、编号格式等信息，单击"插入"按钮即可插入脚注或尾注。

二、excel2010 电子表格

工作簿是指一个 excel 文件，其扩展名以 xlsx 结尾。一个工作簿由若干个表格构成，默认由 sheet1、sheet2、sheet3 三张表格组成。而工作表是由若干行、列构成的二维表格。行列交叉的地方为工作表的最小组成单位，即单元格。

下面我们将对电子表格的基本操作进行介绍：

1．excel2010 文件操作

该功能包括新建 excel 表格、保存 excel 表格。

图 2-23 脚注和尾注对话框

➤新建 excel 表格：

点击"开始菜单"，点击"所有程序"，选择"Microsoft Office"→"Microsoft excel 2010"，即可新建一个名为"工作簿 1"的 excel 电子表格。

➤保存 excel 电子表格：

在电子表格里输入数字和文字信息，编辑该表格。点击文件菜单下的"保存"，即可保存该表格。

2．工作表的选定、重命名、删除、移动、复制等功能

➤选定工作表

直接在工作簿左下角的工作表名称标签上点击就可以实现表格的选定和切换，配合 Ctrl 或 Shift 键可以实现随机多选或连续多选的功能。

➤重命名工作表

右键单击工作表标签处，选择"重命名"命令，然后输入工作表名称，按下"enter"键即可。

➤删除工作表

右键单击工作表标签处，选择"删除"命令，即可删除该工作表。

➤复制/移动工作表

选定需要复制的工作表，右键单击，选择"复制/剪切"命令，然后打开目标工作表，右键单击指定位置，选择"粘贴"命令即可。

3．单元格格式设置

➤常规格式

选定需要设置的单元格，在"开始"功能区的"数字"分组中，单击"设置单元格格式"按钮，弹出如图 2-24 对话框，在"数字"选项卡下设置单元格的数字格式。

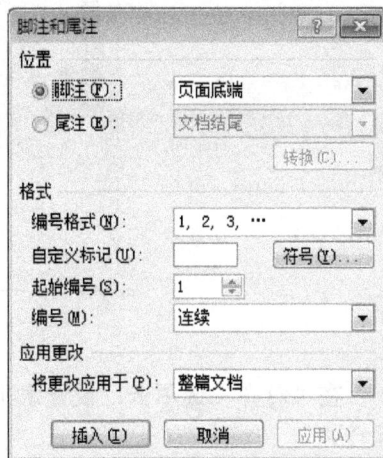

图 2-24　单元格格式对话框

在"对齐"选项卡，设置水平和垂直方向的对齐方式，在"文本控制"栏可对单元格进行合并。

在"字体"选项卡，可对单元格的字号、字形、颜色、下划线、上标、下标等进行设置。

在"边框"选项卡，可对选定单元格的边框样式及颜色进行设置。

➢条件格式

对于选定的数据区域，可以直接使用图 2-25 的规则来实现数字需求。

也可自己新建规则，如图 2-26 所示：

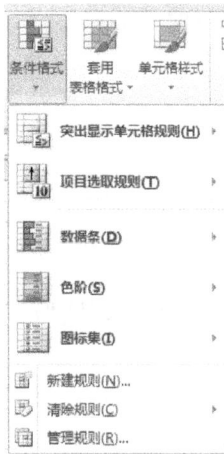

图 2-25　条件格式对话框

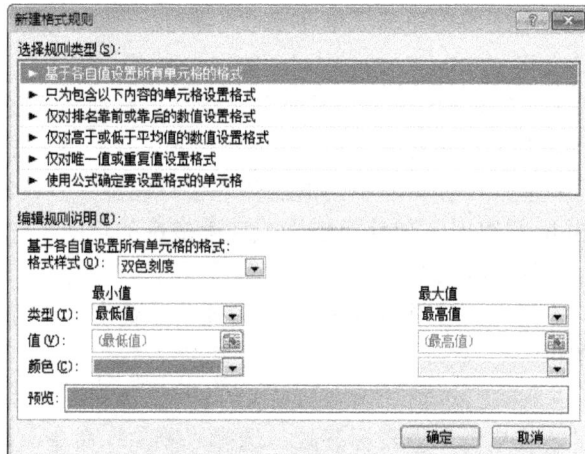

图 2-26　新建格式规则对话框

➢自动套用格式

选定好区域后，单击"套用表格样式"即可实现表格数据的快速格式化。

4．插图处理

➢在表格中插入图片或剪贴画

将鼠标指针定位到要插入图片或剪贴画的位置，点击"插入"功能区的"图片"或"剪贴画"，然后选择本地图片或剪贴画里自带的图片，即可插入相关图片或剪贴画。

➢在表格中插入 SmartArt 图

将鼠标指针定位到要插入 SmartArt 图形的位置，点击"插入"功能区的"SmartArt"按钮，弹出如下图 2-27 对话框，选择相应的图形，点击确定，即可插入 SmartArt 图形。

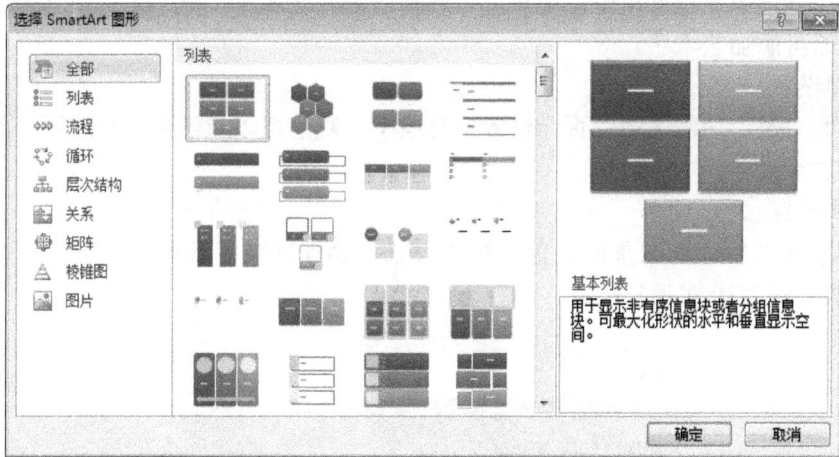

图 2-27　SmartArt 图形对话框

最后用户在 SmartArt 图形中左侧的文字编辑区域，如下图 2-28 所示。输入所需信息，即可完成 SmartArt 图形的文本信息。

点击该 SmartArt 图形可以对该 SmartArt 图形进行布局和样式的设计，还可对其格式（形状、形状大小、艺术字样式、排列和大小）进行设置。

➤在表格中插入图表

选定数据区域，点击"插入"功能区的"图表"，弹出如下图 2-29 对话框。

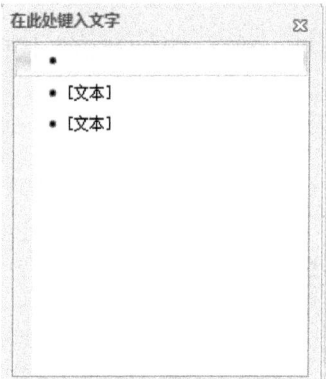

图 2-28　SmartArt 图形文字编辑窗口　　　　　图 2-29　图表窗口

选择相应的图表类型，点击确定即可插入图表。

5．文本设置

➤文本框

在"插入"功能区下的"文本"选项组下，单击"文本框"按钮。在弹出的下拉菜单中，用户可以选择"横排文本框"或"竖排文本框"。在这个文本框内输入相关文字信息即可。

➤艺术字

在需要插入艺术字的位置，用户点击"插入"功能区下的"文本"选项组，单击"艺术字"按钮。在弹出的下拉菜单中，用户可以选择适合的艺术字类型，最后在艺术字框内输入相关文字，即可添加艺术字。

6．页面设置

在"页面布局"功能区的"页面设置"分组下，我们可以对纸张的页边距、纸张方向、纸张大小等进行设置。

7．公式计算

将光标放置在要计算结果的位置，在"公式"功能区的"函数库"下，单击"插入函数"，弹出如下图 2-30 对话框。

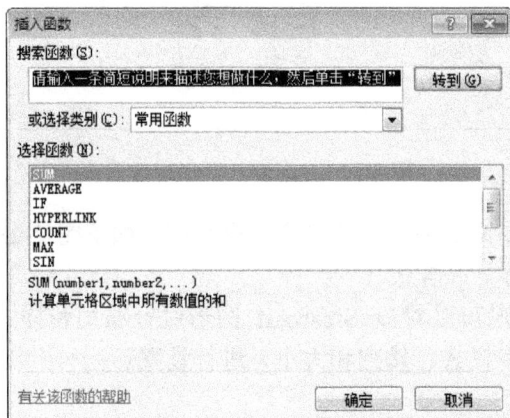

图 2-30　插入函数对话框

选择函数类别和函数名，单击"确定"按钮，选定计算区域，然后单击"确定"按钮。

8．排序和筛选

➤排序

选中需要排序的数据。在"数据"功能区的"排序和筛选"分组中，单击"排序"，弹出如下图 2-31 所示的对话框。

图 2-31　排序对话框

按照需要设置主要关键字和次要关键字，单击"确定"，即可实现排序。

➤筛选

选中需要筛选的数据。在"数据"功能区的"排序和筛选"分组中，单击"筛选"按钮，在第一行单元格的列表中出现按钮。

单击向下的箭头，选择"数字筛选"中的"自定义筛选"选项，弹出如下图 2-32 的对话框，设置好筛选条件，单击"确定"按钮即可完成筛选。

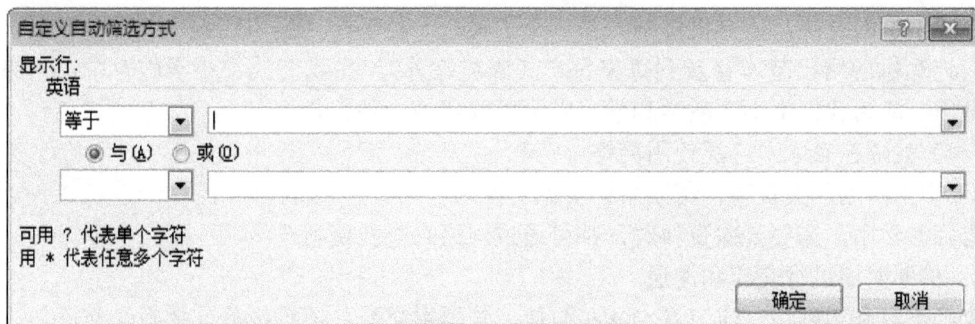

图 2-32　自定义筛选对话框

2.2.4 网络应用基础在中小学中的应用

在计算机网络迅速发展的当今社会，网络应用技术已被我们广泛使用，特别是现代通信、网络、多媒体等技术已被广泛地应用到我们中小学教育当中。

一、网络应用基础在中小学教学中的作用

（一）有利于学生的发展

1．激发学习兴趣，增加教学容量

计算机网络集文字、图形、影像、声音、动画于一体，提供多种感官综合刺激，组成一个交互式的学习系统。而中小学学生十分喜欢这样的网络化学习模式。

2．有利于丰富学生的知识面

学生通过网络可以获取网络的原始文字、图文信息及音视频信息，极大地增加了学生的学习兴趣，学生由课堂的被动学习改为网络上的自主学习，从而丰富了他们的知识面。

3．有利于扩展学生的多种能力

学生通过网络，提出问题，通过与他人交流，共同解决问题，这样有助于提高学生的创新能力和交流能力，同时还有助于学生养成自主学习的能力。

（二）有利于教师教学水平的提高

1．有利于教师知识水平的提高

通过网络，老师可以收集教学资料，学习其他优秀的教学方法，积累宝贵的教学资源，从而提高自己的知识水平。

2．实现师生角色的转换

通过网络，老师采用计算机网络教学模式，改变原有课堂教师占主体地位的教学模式，

让学生成为课堂的主要角色，而老师仅充当学生学习的组织者、帮助者、合作者，这样十分有助于建立良好的师生关系。

（三）有利于教学质量的提高

网络教学走进课堂，极大地调动了老师和学生的积极性，充分地实现了教学互动，让师生共同进步，推进了中小学教学质量的提高。

二、网络应用基础在中小学教学中的应用

在中小学教育中，计算机网络作为一个工具，一种手段，提供的是一种信息环境。当今社会，计算机网络已基本普及到每家每户（农村除外）。在我们的中小学教育中，网络已被广泛使用，成为我们中小学教学和学习中不可取代的一种工具。

（一）教师在教学中广泛使用网络

1．利用网络收集资料，帮助备课及论文撰写

老师教学中，需要某些资料时，都可通过网络来查找资料。

2．借助网络进行交流和沟通

老师可以利用网络交流工具 QQ 和微信，与学生交流，还可进行其他教学交流。

3．将信息技术与课堂相结合

现在，有不少的老师在教学中，采用微课、翻转课堂等新的教学模式，这些都与我们的网络应用是分不开的。

（二）学生在学习中广泛使用网络

1．利用网络查找资料，疑难解答等

2．借助网络进行交流和沟通

学生在学习中，遇到问题，还可以通过 QQ 或微信等与老师和同学交流、学习。

3．网络学习

现在我们有很多网络在线学习资源，学生可以利用这些网站进行学习，充实自己。

4．利用网络进行娱乐

学生还可利用网络缓解学习的压力，如网络视频、网络歌曲、网络游戏等。但这些必须适度，特别是游戏，有些学生沉迷于网络游戏，反而影响了他们的学习。

2.2.5　音、视频基础

一、音频基础

（一）声音的三要素

1．响度（loudness）

人主观上感觉声音的大小（俗称音量），由"振幅"（amplitude）和人离声源的距离决定，振幅越大响度越大；人和声源的距离越小，响度越大。（单位：分贝 dB）

2．音调（pitch）

声音的高低（高音、低音），由"频率"（frequency）决定，频率越高音调越高（频率单位 Hz，人耳听觉范围 20～20000Hz。20Hz 以下称为次声波，20000Hz 以上称为超声波）。

3．音色（Timbre）

又称音品，是指声音的感觉特性。不同的发声体由于材料、结构不同，发出声音的音色也就不同。

（二）基本概念

1．采样：就是按一定的频率，即每隔一小段时间，测得模拟信号的模拟量值。也就是在时间上将模拟信号离散化。

2．量化：用有限个幅度值近似原来连续变化的幅度值，把模拟信号的连续幅度变为有限数量的有一定间隔的离散值。

3．采样频率：是指将模拟声音波形数字化后每秒钟所抽取的声波幅度的样本次数，即一秒钟内采样的次数。单位为 kHz(千赫兹)。采样频率高低决定了声音失真程度的大小，为保证声音不失真，采样频率应该在 40kHz 左右。

4．量化位数：也称量化级、样本尺寸。是每个采样点能够表示的数据范围，常用的有 8 位、16 位等。量化位越高，信号的动态范围越大，数字化后的音频信号就越可能接近原始信号，但所需要的存贮空间也越大。

5．声道数：有单声道和双声道之分。双声道又称为立体声，在硬件中要占两条线路，音质、音色好，但立体声数字化后所占空间比单声道多一倍。

6．编码

编码的作用一是采用一定的格式来记录数字数据，二是采用一定的算法来压缩数字数据。压缩编码的基本指标之一就是压缩比。

压缩比通常小于 1。压缩算法包括有损压缩和无损压缩；有损压缩指解压后数据不能完全复原，要丢失一部分信息。压缩比越小，丢掉的信息越多、信号还原后失真越大。根据不同的应用，可以选用不同的压缩编码算法，如 PCM，ADPC，MP3，RA，等等。

（三）常见声音格式

常见的声音格式如下表 2-5 所示：

表 2-5　常见声音格式及说明

格式类型	相关说明
wav	波形声音文件，被 Windows 平台及其应用程序广泛使用。该格式支持多种压缩算法、采样频率、音频位数和声道
mp3	能够以高音质、低采样率对数字音频文件进行压缩
mid	是数字音乐/电子合成器的统一国际标准。主要用来存储乐器音乐，不能存储自然声音和语音。文件很小
cda	是 CD 唱片的格式。扩展名 CDA，其采样频率为 44.1kHz，16 位量化位数，跟 WAV 一样
wma	是微软在互联网音频、视频领域的力作。该格式以减少数据流量但保持音质的方法来达到更高的压缩率目的

（四）音频在课件中的使用

多媒体课件中的声音包括三种：音乐、解说、音响。因而音频在课件中的使用应注意以下几点：

1）课件中背景音乐一定要跟课件内容相符，不可哗众取宠。

2）解说、朗读的语音语调要注意跟教学对象和课件界面相适应。

3）注意声音的清晰性和规范性。

二、视频基础

视频（Video）泛指将一系列静态影像以电信号方式加以捕捉、记录、处理、储存、传送与重现的各种技术。

（一）基本概念

1．帧频

帧频，即画面更新率，也叫帧率，是指视频格式每秒钟播放的静态画面数量。典型的画面更新率由早期的每秒 6 或 8 张（frame per second，简称 fps）至现今的每秒 120 张不等。PAL 制（欧洲、亚洲、澳大利亚等地的电视广播格式）与 SECAM 制（法国、俄国、部分非洲等地的电视广播格式）规定其帧频为 25fps，而 NTSC 制（美国、加拿大、日本等地的电视广播格式）则规定其帧频为 29.97 fps，我国使用的是 PAL 制。不过现在所有的电视都是全制式的。

2．扫描传送

视频可以用逐行扫描或隔行扫描来传送，交错扫描是早年广播技术不发达、带宽甚低时用来改善画质的方法。在逐行扫描系统当中，每次画面更新时都会刷新所有的扫描线。这样较消耗带宽但是画面的闪烁与扭曲可以减少。

为了将原本为隔行扫描的视频格式（如 DVD 或类比电视广播）转换为逐行扫描显示设备（如 LCD 电视，等离子电视机等）可以接受的格式，许多显示设备或播放设备都具备有转换的程序。但是由于隔行扫描信号本身特性的限制，转换后无法达到与原本就是逐行扫描的画面同等的品质。

3．分辨率

视频的画面大小称为"分辨率"。数位视频以像素为度量单位，而类比视频以水平扫描线数量为度量单位。

标清电视信号的分辨率为 720/704/640×480（NTSC）或 768/720×576（PAL/SECAM），高清电视（HDTV）分辨率可达 1920×1080p60，即每条水平扫描线有 1920 个像素，每个画面有 1080 条扫描线，以每秒钟 60 张画面的速度播放。

4．长宽比例

长宽比是用来描述视频画面元素的比例，传统的电视屏幕长宽比为 4:3（1.33:1），HDTV 的长宽比为 16:9（1.78:1）。虽然电脑荧幕上的像素大多为正方形，但是数字视频的像素通常并非如此。比如以 720×480 像素记录的 NTSC 规格 DV 影像画面偏"瘦"的原因是在放映时长宽比变成了 4:3 的画面，反之画面偏"胖"是因为变成了 16:9 的画面。

5．压缩技术

自从数位信号系统被广泛使用以来，人们发展出许多方法来压缩视频。由于视频资料包含了空间的与时间的冗余性，所以使得未压缩的视频的传送效率是相当低下的。空间冗余性可以由"只记录单帧画面的一部分与另一部分的差异性"来减低，这种技巧被称为帧内压缩（intraframe compression），它与图像压缩密切相关；而时间冗余性则可由"只记录两帧不同画面间的差异性"来减低，这种技巧被称为帧间压缩（interframe compression），包括运动补偿以及其他技术。目前最常用的视频压缩技术为 DVD 与卫星直播电视所采用的 MPEG-2，以及因特网传输常用的 MPEG-4。

（二）视频在课件中的使用

多媒体课件中使用的视频文件往往是用一定的拍摄设备获取的真实场景，并利用计算机软件进行剪辑后得到的文件。视频主要用于表现那些真实的、连续的动态过程，利用声音、画面同时给予学习者刺激，能给学生留下深刻的印象，这往往是其他媒体形式所不能达到的效果。视频的特点就在于它的多帧画面更适合描述连续性动作，而且还可以附带有即时的声音信息，使得视频可以更立体而又形象地记录下一个事件。

对于那些抽象的知识，利用视频文件的直观性，学生可以直接获取视频信息；视频信息也不易与其他内容混淆；视频信息可以达到较好的学习效率；视频信息包含大量的变化的信息，如果大量地使用则可能会对课件运行的流畅性有一定的影响，所以我们在课件中使用视频文件应注意适度和适量的原则。

（三）视频格式

常见的视频格式可以归纳为两大类：影像格式（Video）和流媒体格式（Stream Video）。其中影像格式中还可以根据出处划分为三大种：AVI 格式、MOV 格式和 MPEG/MPG/DAT；流媒体格式中同样也可以划分为三种：RM 格式、MOV 格式和 ASF 格式。其详细解释如下：

1. MPEG/MPG/DAT

MPEG（运动图像专家组）是 Motion Picture Experts Group 的缩写。这类格式包括了 MPEG-1、MPEG-2 和 MPEG-4 在内的多种视频格式。MPEG-1 被广泛地应用在 VCD 的制作和一些视频片段下载的网络应用上；MPEG-2 则是应用在 DVD 的制作上，同时在一些 HDTV（高清晰电视广播）和一些高要求视频编辑、处理上面也有相当多的应用；MPEG-4（ISO/IEC 14496）

则是基于第二代压缩编码技术制定的国际标准，它以视听媒体对象为基本单元，采用基于内容的压缩编码，以实现数字视音频、图形合成应用及交互式多媒体的集成。

2. AVI

AVI，音频视频交错（Audio Video Interleaved）的英文缩写。AVI 是由微软公司发布的视频格式。AVI 格式调用方便、图像质量好，压缩标准可任意选择，是应用最广泛、也是应用时间最长的格式之一。AVI 记录的视频信息还原性好，但是数据量很大，1 分钟的标清视频容量达几个 GB 的数据量。

3. .MOV

QuickTime 原本是 Apple 公司用于 Mac 计算机上的一种图像视频处理软件。Quick-Time 提供了两种标准图像和数字视频格式，即可以支持静态的*.PIC 和*.JPG 图像格式，动态的基于 Indeo 压缩法的*.MOV 和基于 MPEG 压缩法的*.MPG 视频格式。

4. ASF

ASF（Advanced Streaming format 高级流格式）。ASF 是 MICROSOFT 为了和 Real player 竞争而发展出来的一种可以直接在网上观看视频节目的文件压缩格式。ASF 的图像质量比 VCD 差一些，但比同是视频"流"格式的 RAM 格式要好。

5．WMV

一种独立于编码方式的在 Internet 上实时传播多媒体的技术标准，Microsoft 公司希望用其取代 QuickTime 之类的技术标准以及 WAV、AVI 之类的文件扩展名。WMV 的主要优点在于：可扩充的媒体类型、本地或网络回放、可伸缩的媒体类型、流的优先级化、多语言支持、扩展性等。

6．3GP

3GP 是一种 3G 流媒体的视频编码格式，主要是为了配合 3G 网络的高传输速度而开发的，也是目前手机中最为常见的一种视频格式。其特点是网速占用较少，但画质较差。

7．FLV

FLV 是 FLASH VIDEO 的简称，FLV 流媒体格式是一种新的视频格式。由于它形成的文件极小、加载速度极快，使得网络观看视频文件成为可能，它的出现有效地解决了视频文件导入 Flash 后，使导出的 SWF 文件体积庞大，不能在网络上很好地使用等缺点。

8．RMVB

RMVB 的前身为 RM 格式，它们是 Real Networks 公司所制定的音频视频压缩规范，根据不同的网络传输速率，而制定出不同的压缩比率，从而实现在低速率的网络上进行影像数据实时传送和播放，具有体积小，画质也还不错的优点。

2.3 教育信息资源建设与管理能力

在教师的教学过程中，都会使用到各种教育信息资源。所谓教育信息资源，是指经过数字化处理，可以在计算机上或网络环境下运行的多媒体信息材料。它包括教学过程中师生所接触、获得的一切教育信息来源，具有电子化、数字化、网络化的技术特征。

2.3.1 教育信息资源的收集

对于教育信息资源的收集，我们可以通过多种方式进行。

一、通过 E-mail 收集信息资源

E-mail（电子邮件）作为网络上收发电子信函的工具，能方便快速地传递网上的信息，包括文本、数据、图像、声音、视频等，它日益成为获取信息的重要工具。利用电子邮件订阅电子期刊，我们只需向电子期刊的订阅部发一封"订阅邮件"，或在电子期刊的"订阅窗口"输入 E-mail 地址即可完成对网络电子期刊的订阅动作。

二、通过网络检索工具收集信息资源

为了迅速、准确地查找网上丰富的信息资源，世界各地的专家、学者开发了各种各样的检索工具，熟悉并掌握各种检索工具，有利于开展网络信息的收集工作。

1．FTP（文件传输协议）类检索工具

英文全称：File Transfer Protocol，即文本传输协议。它是 Internet 提供的主要功能之

一，其作用是将文件从一台计算机传递到另一台计算机。它是一种客户机/服务器方式，即用户通过一个支持 FTP 协议的客户程序，连接到远程主机上的 FTP 服务器程序，服务器程序接受客户所发送的命令并执行它，再将执行结果返回给客户机的方式。

教师使用此类工具检索时，可以直接打开"本地计算机"图标，在打开的窗口地址栏上直接输入学校的 FTP 地址，即可搜索并访问学校 FTP 地址下的各种文件。

2．WWW（万维网）类检索工具

WWW 是由遍布在 Internet 上被称为 WWW 信息服务器的计算机组成的。WWW 服务器登录简单，只需在浏览器（IE、Netscape）上输入 WWW 地址（http）即可。WWW 上存储有大量信息，网络用户想要快捷、准确地获取所需信息，就必须借助各类搜索引擎。最常用的中英文网络搜索引擎有：Alta Vista、百度、搜狐、Yahoo、Google 等。

搜索教育信息资源时，我们经常用到的方法和技巧有：

1）确定搜索对象。

2）选用准确的关键词，构造恰当检索表达式。在选择关键词时，可使用如下技巧：

在两个关键词之间使用空格，如想知道北京大学的电话，输入"北京大学电话"即可；为了更准确地搜索电影、电视、书籍等信息，可以加上书名号后再搜索；如果搜索不到合适的结果，可以考虑用同义词替换；可以在关键词中间加上"|"，譬如"研究生院|研招办"表示查询与"研究生院"或"研招办"相关的信息。

3）确定搜索途径。

4）利用进阶检索功能，即在检索关键词里输入限制条件或范围，实现精确查询数据。

2.3.2 教育信息资源的分享和交流

在教育领域中，我们经常会将自己的教育信息资源分享给其他人，或共享其他人的信息资源，我们也经常会与学生、教师、学生家长等进行交流与合作，这就要求我们要利用各种交流工具进行教育信息资源的分享和交流。

一、QQ/MSN

QQ 是目前在我国教育领域中应用很普遍的一种信息分享和交流工具。QQ 可以用文字一对一即时交流讨论教育教学问题，也可以进行语言视频聊天，像电话一样与远方的朋友一起探讨教育教学问题；同时可以点对点传送大容量的信息资源，及时进行互动交流探讨；QQ 还提供网络硬盘，随时在网络上存放各种信息资源；一个学校或者经常联系的朋友可以建立 QQ 群，如果有什么消息可以在 QQ 群里发布信息，也可以将自己的教育信息资源发布到 QQ 群的共享空间里，其他人可以自由观看、下载和讨论。

MSN 全称 MICROSOFT SERVICE NETWORK，即微软网络服务。MSN Messenger 是一个出自微软的即时通讯工具，和 QQ 是同一个类别的工具，它在 1999 年 7 月发布，由于其保密性强、娱乐时广告少、不捆绑软件等优点而在公司、学校、商务交流活动中应用较广。

二、E-mail

电子邮件是非实时的无纸通讯，信息传输速度快，费用低廉，应用范围广泛，可收发各类文字、数据、图片、声音、视频信息等。书写邮件的环境可以是 Word、Outlook 等，也可以是各个网站提供的邮件编辑器。教师可以利用 E-mail 实现网络交流，借助 E-mail 的附件传播形式，可以将各种教学信息资源用附件进行传播。电子邮件还具有"群发回复"功能，可以同时和多人进行网络交流，并将自己的教育信息资源同时发送给多人。

三、博客

中文"博客"一词，源于英文单词 Blog/Blogger。Blog，是 Weblog 的简称。Weblog，其实是 Web 和 Log 的组合词。Web，指 World Wide Web，即互联网；Log 的原义则是"航海日志"，后指任何类型的流水记录，合在一起来理解 Weblog，就是在网络上的一种流水记录形式或者简称"网络日志"。博客是个性化的个人信息管理系统，通过它可以将工作、爱好和学习有机结合，把日常得到、看到和想到的思想精华及时积累起来，并在交流和共享中达到思想的碰撞。

博客在教育信息资源的分享与交流中的作用表现在以下几点：

1）个人教育信息资源的管理。博客（Blog）可以作为个人电子文档系统，它可以收集资料，写读书笔记，既可以作为教师的个人电子文件夹，又可以是教师的电子备课本等。

2）信息交流平台。博客（Blog）是教学活动中交流与协作的工具，它可以作为教师和其他人在网上的交流平台，教师可以将自己的信息资源分享在博客中；它可以是教研室的虚拟教研平台，在网上探讨合作编写教材、教学和研究等；它也可以作为教师进行自主学习、研究性学习和协作学习的平台；它还可以作为教师教学评价的工具。

3）叙事反思工具。写日记，包括学习反思日记、教学反思日记；写故事，把自己在学习或教学中的体会、感想、经验、心得记录下来，并与其他人进行交流、讨论。

四、BBS

BBS 的英文全称是 Bulletin Board System，翻译为中文就是"电子公告板"。BBS 是 Internet 非常常用的网络服务功能之一，是一种在网络上进行信息讨论的方式。它允许参加这种讨论的用户在网络上公开发表自己的观点和看法，对预先设置的讨论话题进行讨论，如通常情况下大家开会讨论一样。

网络教育系统中 BBS 是教师与学生、学生与学生之间交流问题的场所。BBS 也可以作为答疑系统，根据学生提交的问题，进一步了解学生的学习情况并进行答疑。

BBS 系统具有用户管理、讨论管理、文章讨论、实时讨论、用户留言、电子信件等诸多功能，因而很容易实现讨论模式。这种模式一般是由专职人员监控，即由各个领域的专家或人员在站点上建立相应的主题讨论组，参与人员可以在自己的特定主题区内发言，发言的内容可以是文字、图片、动画等内容，并能针对别人的意见进行评论，每个人的发言或评论都可以即时地被所有参与讨论的人员看到。这样就可以在 BBS 上实现对教育信息资源的讨论和交流。

五、微信

微信（WeChat）是腾讯公司于 2011 年 1 月 21 日推出的一个为智能终端提供即时通讯服务的免费应用程序。微信支持跨通信运营商、跨操作系统平台服务，它通过网络可以快速发送免费（需消耗少量网络流量）语音短信、视频、图片和文字等，同时，也可以使用"摇一摇"、"漂流瓶"、"朋友圈"、"公众平台"、"语音记事本"等插件共享流媒体形式的信息资源。

教师使用微信时，可以通过如下方式进行教育信息资源的分享和交流：

1）可对微信好友发送语音短信、视频、图片（包括表情）和文字等，对教育信息资源进行分享和交流。

2）可通过朋友圈发表文字和图片，同时可通过其他软件将文字、音频或视频分享到朋友圈，并对这些素材进行管理。其他人员可以对好友新发的信息进行"评论"或"赞"。

3）可通过语音记事本进行语音、视频、图片、文字的记录。

4）可通过群发助手将自己的信息资源发送给多人。

5）个人和企业都可以打造一个微信的公众号，可通过这个公众号群发文字、图片、语音三个类别的内容，还可以通过公众号进行实时交流、消息发送和素材管理等。

2.3.3 教育信息资源的上传和下载

网络环境下的信息资源的交流与共享，不可避免的存在信息的传输，就会用到上传与下载工具。上传（Upload）是指将文件从自己的计算机中拷贝到远程主机上。下载（Download）是指从远程主机拷贝文件到自己的计算机上。常用的上传下载工具很多，例如FTP、迅雷、FlashGet 等。图 2-33 为上传与下载简易图。

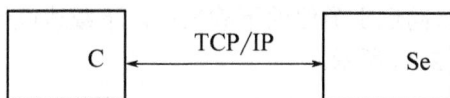

图 2-33　上传与下载简易图

一、FTP

FTP 的主要功能是进行文件的上传和下载。

下载文件：学校在 FTP 站点上放有教学相关的课件和资源，每位教师可利用提供的帐号登录 FTP 站点后就可下载所要的资源。实践表明，这样可大大地提高教师制作课件的极积性。

上传文件：教师利用帐号上传其课程相关的教学资源和作业，学生也可利用自己的帐号上传自己做的作业到 FTP 站点上去。这样可大大地提高教与学的效率。教师可以在网上批阅学生提交的作业，并及时将修改意见反馈给同学，不同学生给予不同的要求，真正做到因人施教。

使用 FTP 上传和下载文件最大的优势在于：用 FTP 协议传输大于 1M 的文件速度比http 快。文件越大，传输的速度就比 http 上传输的越快。

对于 FTP 的建立和设置，我们在第五章服务器基础内容中有详细介绍，这里就不再赘述。

二、其他传输工具

除了 FTP 外，迅雷、FlashGet 等网络传输工具也是使用比较多的，不过我们一般使用其下载功能。一般的下载工具（除 WINDOWS 自带的 PC 下载）都带有上传功能。我们可以禁用下载工具的上传功能，方法是：每一种下载工具在它的菜单栏内都有一个"工具"或"配置"选项，点击它就会出现一个设置面板，在设置面板中把上传速度设为"0"，这样就禁用了上传功能。

1）迅雷：迅雷是一款新型下载软件，是互联网上最流行的下载工具之一，它能够使下载更稳定、更迅速，而且，它还支持断点续传。迅雷界面如下图 2-34 所示。

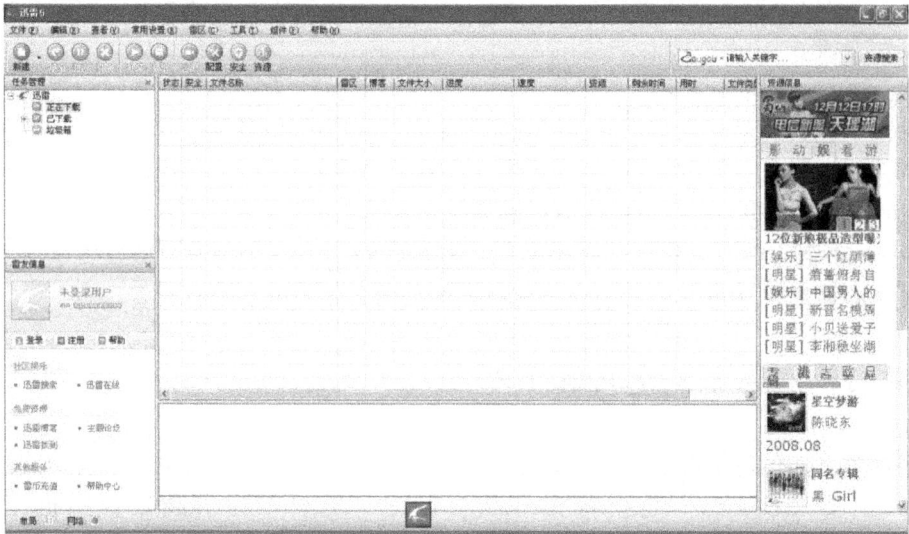

图 2-34　迅雷下载工具界面

2）比特彗星：它是一款同迅雷类似的下载软件。下载速度快速、稳定，同样支持断点续传。比特彗星界面如下图 2-35 所示。

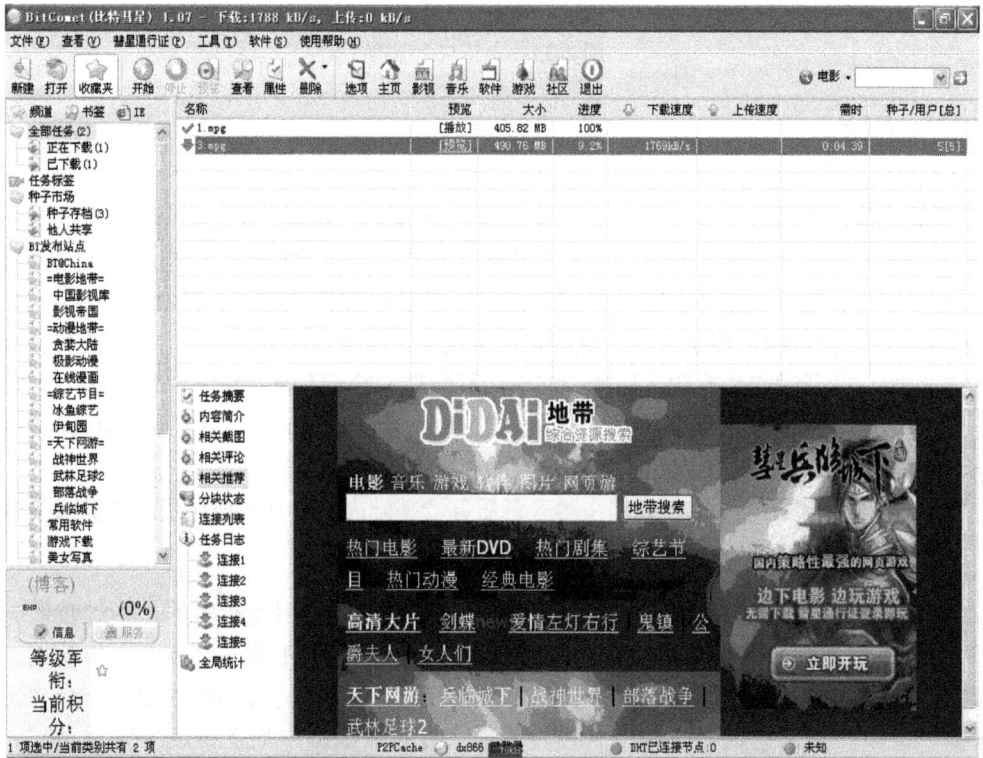

图 2-35　比特彗星下载工具界面

第三章　教师多媒体课件制作能力

随着计算机的快速发展，课件在教学中的使用愈来愈多，对教师制作多媒体课件的能力要求也越来越高。

3.1　多媒体课件制作基础

媒体（Medium），又称载体，是指信息传送和存储的最基本的技术和手段。媒体主要有两重含义：一种含义指储存信息的实体，如光盘、磁盘、磁带等；另一种含义指传递信息的载体，常见的有文字、图形图像、动画和音视频等多种形态。多媒体（Multimedia）从文字上理解就是"多种媒体的组合"，是指能够同时处理、存储和展示两个以上不同形态信息媒体的技术。多媒体技术是用计算机综合处理多媒体信息——文本、图形、图像和声音，使多种信息建立逻辑连接，集成为一个系统并具有交互性的技术。

课件是在一定的教学与学习理论指导下，根据教学目标设计并反映某种教学策略和教学内容的计算机软件，是编制者按照某一思路设计制作、前后连贯、有系统性的教学软件。

3.1.1　多媒体技术在教学中的作用

1. 多媒体教学直观形象，激发学生的学习兴趣

多媒体课件以其本身的直观形象性特点而具备了最佳的视听觉效果，这对于集中学生的注意力、激发学生的学习兴趣有着无可比拟的优越性，它提供的许多可能性往往是我们普通教学手段所难以企及的。它会把无声的教材内容变得有声有色，使课堂生动活泼，并带领学生进入课程创设的特有情境之中，让学生通过直接的视听感官作用，产生对课程学习的兴趣，很自然地步入到积极思维的状态中。在一些课程的实际教学过程中，适当地把多媒体课件运用到课堂上，可以提高学生的学习兴趣，激发他们的求知欲。

2. 多媒体教学图文并茂，化解教学难点

人类对于知识的掌握总是从感性过渡到理性。而借助多媒体课件，就恰恰可化抽象为具体，变理性为感性，有效地弥补传统教学的一些不足，让学生通过视听等直观功能，形象地把握教学内容。

3. 多媒体课件有利于突破时空限制，促进学生思维的发展

借助多媒体课件展现宏观与微观世界。宏观世界的自然现象，微观世界的神秘复杂，这些利用语言表达、模型、挂图等传统的教学方式，是很难讲解清楚的。多媒体课件的应用，可以让这些内容直观、形象、生动地呈现在学生面前。

借助多媒体课件演示事物的变化过程。许多事物的发展变化有一个相当长的时间过程，需要长时间的观察才能感知，如生物的发芽、生长、开花、结果的全过程，胚胎发育的过程等，短时间内无法实施有效观察，但借助多媒体课件的动画效果不仅可以形象地向学生演示

事物发展变化的全过程，而且可快可慢，任意调节。

实际教学中，有许多要让学生通过感官去观察的物体很难以实物展示在学生面前，如各种岩石、物理器械等，则可以把它们拍摄并制作成多媒体课件，从各个角度展示三维立体图形，并配上文字说明，便可以让学生得到全方位的观察和认识。

3.1.2　多媒体课件在教学中的应用

一、注意多媒体课件的辅助地位

多媒体课件的作用应当定位在"辅助"，不是每一堂课都可做成多媒体课件。多媒体课件在课堂教学过程中的确有一定的优势，但它始终只是一种辅助的手段，不是目的，应根据课堂教学的需求来确定是否使用多媒体课件以及怎样使用多媒体课件。应变静学为动学，使学生不是被动学而是乐于学。为激发学生想学、乐学的主动性，在导入新课时，可以充分利用多媒体的优势吸引学生。例如：在导入时制作小短片将本节课内容进行简单介绍，并加入适当的动画，通过介绍引起学生学习的兴趣，为学习新知识创造良好的学习氛围。多媒体进入课堂后，学生的主体性充分表现出来，但不能淡化教师的主导作用，应不断地寻求师生关系的新的定位点。

二、适度适量的应用多媒体课件

把多种媒体有机地集合成一体，建立在多媒体技术上的多媒体课件，使得教学内容的表达方式较传统的教学方式有了本质上的改变。但多媒体课件在课堂教学中的运用容易出现课件满堂演示的现象，出现新形式的满堂灌。学生仍然处于被动接受知识的状态，学习主动性被抑制。适度运用原则就是以优化教学过程为目的，以现代教育理论为指导，根据教学设计，适当运用多媒体教学课件，创设情境，使学生通过多个感觉器官来获取相关信息，提高教学信息传播效率，增强教学的生动性和创造性，帮助学生对当前学习内容所反映事物的性质、规律以及该事物与其他事物之间的内在联系达到较深刻的理解。

另外，多媒体课件信息量应注意适量。若信息量太大，教师的教学机制受到制约，不能根据学生的课堂现场表现及时做出调整；师生交流受到很大的限制，学生的学习主动性也被淹没；太大的信息量把课堂的时间和空间都挤满了。显然，太大信息量有悖于创新教育。适度信息原则就是以优质的教学资源为主要手段，在学科教学过程中有效组织信息资源，提供适量的信息，在解决教学难点、重点和扩大视野的同时，让学生在教师的指导下自主地对信息进行加工。

三、各种教学媒体有机结合

不是所有的课程都用多媒体技术表现效果最好。"寸有所长，尺有所短"。教学媒体的采用也要根据教学内容及教学目标来选择。不同的教学内容及教学目标应当选择不同的教学媒体，使教学内容与教学媒体有机地结合，优势互补。各种教学媒体和教学方法有机结合，才能使课堂教学生动活泼，事半功倍。教师以富有情感的启发式语言向学生传授知识，才能适应学生变化，督促学生学习，更加有利于言传身教；多媒体课件以丰富的视听信息，虚拟现实技术和图形、图像、动画的恰当使用使教学内容化繁为简，化宏观为微观，化微观为宏观，形象而且生动；创设适合教学的情境，使情境学习、问题辅助学习、激发兴趣和协作学习等在教学中得以体现，才能实现真正意义的创造性学习。

3.1.3　多媒体课件开发流程

要想开发出好的多媒体课件，必须把握好多媒体课件制作中的几个重要环节。多媒体课件制作的流程是：选题—教学设计—稿本编写—素材收集与制作—系统集成—调试与修改—应用与维护。

一、选题

多媒体课件制作过程比较繁琐，运用多媒体课件进行教学，教师投入的工作量比较大。在制作之前，教师要充分做好选题论证工作，尽量避免不必要的投入。因此，必须要高度重视选题工作，要选择那些学生难以理解、教师不易讲解清楚的重点和难点问题，特别是要选择那些能充分发挥图像和动画效果的、不宜用语言和板书表达的内容，对于那些课堂上较易讲解的内容就完全没必要采用多媒体课件的方式。

二、教学设计

进行教学设计是课件制作中的重要环节，课件效果的好坏、课件是否符合教学需求，关键在于教学设计。设计者应根据教学目标和学习对象的特点，合理地选择和组织教学媒体和教学方法，形成优化的教学系统结构。运用系统论的观点和方法，依照教学目标，分析教学中的问题和需求，确定解决问题的有效步骤。选择相应的教学策略和教学资源，确定教学知识点的排列顺序，根据教学媒体设计适当的教学环境，安排教学信息与反馈呈现的内容及方式，以及人机交互的方式等，做好教学设计工作。做好教学设计是制作高质量多媒体课件的前提。

三、稿本编写

选好一个适宜的课件题目后，随即进行稿本的编写工作。稿本设计是根据教学内容特点与系统设计的要求，在一定的学习理论的指导下，对每个教学单元的内容安排以及各单元之间的逻辑关系进行设计，设计出具体的表现形式，写出讲解的文稿，需要显示的问题，所使用的图形、表格、图片、动画、视频等，还要写出页与页之间链接的交互方式等具体内容。稿本描述了学生将要在计算机上看到的细节，它是设计阶段的总结，也是技术制作人员制作课件的依据。

稿本包括文字稿本和制作稿本，文字稿本是按照教学过程的先后顺序、描述每一个环节的教学内容及其呈现方式的一种形式，其主要目的是规划教学软件中知识内容的组织结构，并对软件的总体框架有一个明确的认识；制作稿本包含着学习者将要在计算机的屏幕上看到的细节，例如：用各种媒体展示的教学信息；计算机提出的问题；计算机对学习者各种回答（正确的或错误的）的反馈等。

稿本编写包括课件内容如何安排、声音如何表现和搭配、是否需要加入动画或视频、加在什么地方、课件如何与学生交互（包括按钮设计、热区响应、下拉菜单响应、条件响应、文本输入响应、时间限制响应、事件响应）等。可以说，稿本制作是整个课件制作的核心。

一个课件的制作质量主要取决于课件稿本的编写质量，文字、声音、图像、动画、视频等各种要素要搭配合理，衔接要流畅、自然。

四、素材收集与制作

媒体素材设计就是设计和构思为了表达学习内容所需要的各种素材或各种媒体，如文本、图像、声音、动画、视频和虚拟现实等。媒体的选择是为所要表达的学习内容服务的，要努力做到"为内容表现而设计媒体"。因此，在选择使用图像、声音、动画、活动视频等各种媒体时，目的是要表达学习内容、突出学习主题，不能不顾主题思想的表达，只顾追求时髦、好看。

有些素材可以直接在素材库软件中找到，对于没有的素材，必须通过一些软件自己加工编辑而得到。素材的准备是课件制作中工作量最大、最繁琐的环节，课件制作人员在时间安排上要充分考虑到这一点。在课件制作过程中，媒体素材的收集与制作是一个比较重要的环节。

五、系统集成

需要的素材准备好后，就可以使用多媒体课件开发工具进行制作了。多媒体课件制作工具很多，如简单的有 Powerpoint，常用的有 Authorware、Toolbook、方正奥思、蒙泰瑶光、多媒体大师等。网络版有 Microsoft Frontpage、Macromidea Dreamweaver、Macromidea Flash 等。系统集成就是用多媒体制作软件把各种素材按照稿本的要求组合起来，形成一个有机的整体。如果发现稿本的某些设计不太理想，还可以相应地修改稿本，反复地修改、调试，以使课件符合教学的要求。

六、调试与修改

在课件制作过程中，要不断地对课件进行评价和修改，它是课件制作过程中的重要组成部分，也是课件质量的保证。评价包括形成性评价和总结性评价，并且是属于面向学习资源的评价。形成性评价是在课件开发的过程中实施的评价，它为提高课件质量提供依据，目的在于改进课件的设计，使之更加符合教学的需要，便于提高质量和性能；总结性评价是在课件开发结束以后进行的评价，其目的是对课件的性能、效果等做出定性、定量的描述，确认课件的有效性和价值，为课件更新提供改进意见，并总结课件制作经验。

七、应用与维护

多媒体课件经过多次修改完善后，就可以投入使用，除自己在教学中使用外，同时还可以进行交流、推广或发行。教师在实际教学中使用课件后，可能会发现不足，因此，课件投入使用后还需要不断地收集课件在教学应用中的反馈信息，不断地对课件进行修改、完善与升级，使之更加适合教学的需求，达到实用好用目的。

3.1.4 课件在教学中的使用

课件可根据具体的教学目标和教学内容，采用不同的教学模式。按照教学活动的特点，课件的使用通常包含如下几种应用形式。

一、用于个别化学习

这是一种以学生为中心的自主学习方式。在某种意义上它是课堂教授模式在课外的补充和延伸。这是一种适合学生自学的模式，教师并不直接面对学生，他的主要任务是设计适合学生自学的课件，课件是该模式是否有效的关键。学生可以不受时间、地点等的限制，根据自身的特点、经历和精力选取课件，在计算机上学习。计算机则根据学生的实际情况，因材施教，满足其求知欲望。随着计算机的进一步普及，这种使用形式会越来越受到有高度自觉性的学习者的青睐。

二、用于课堂授课

这是一种传统的基于课件的教学模式，几乎从它产生之时起，课堂教授便是其主要模式。它是以教师为主导，教师利用计算机或多媒体计算机和各种音视频设备呈现教学内容、操练巩固学生所学知识和技能、辅导答疑等。这一模式不同于传统教学之处在于学生是在教师的引导启发下积极主动地参与教学过程，而不像是在传统教学中那样成为"知识的容器"，被动地接受灌输。教师在使用课件中面对面地向学生传授知识，能及时获得学生反馈信息，灵活调整教学进度与方法，使之与学生的"学"相适应。课件能够向学生呈现一些传统教学无法表现的教学内容，其较高的趣味性、生动形象的"情境性"大大地调动了学生学习积极性和参与性，加深学生对所学知识和技能的掌握和理解。

三、虚拟现实(Virtual Reality)

这种使用形式仍是在教师指导下，以学生为中心，利用计算机和其他专用软件和硬件设施来模拟现实情境，通过学生与计算机的交互作用完成某一特定任务的一种学习模式。它可以克服时空限制,模拟现实情况下难以实现和完成的任务。虚拟现实可以开拓出人类现实技术还无法企及的许多未知领域，例如在医学的手术中、空军的飞行驾驶中都有广泛的应用。

四、远距离教学

这是一种以计算机网络为中心的开放式教学模式。Internet 和通信卫星网络是教育信息传输的主要媒体，学生通过联网的计算机调用网络资源进行学习。Internet 集信息资源库和通讯手段等于一体，是一种十分方便、迅捷、丰富的学习资源和手段。它突破地域疆界和时空限制，真正实现了全球信息资源共享。基于 Internet 的网络协同学习、在线讨论成为新的潮流和方向。Internet 能提供浏览、信息查询、远程登录、文件传输协议等方面的服务。师生凭借这些资源和手段双向交流，完成特定教学任务。这在极大程度上扩大了教育规模,为实现终身教育提供了必要而便利的条件。

五、教学游戏

教学游戏是寓教学于游戏之中，游戏型课件提供和控制富有趣味性和竞争性的教学环境，激发学生的学习动机，使学生在富有教学意义且教学目标明确的游戏活动中得到训练和有所发现，取得积极的教学效果。教学游戏型课件要强调教学性，要有明确的教学目标、具体的教学内容、优良的教学策略，不可等同于那些以娱乐为目标的游戏。

六、问题求解

通过给学生呈现一个或几个问题情境，让学生自己想办法解决问题。问题情境常以其神秘性和不确定性给学生以挑战，利于引导学生的学习动机和求知欲。问题求解模式一般不教授新概念，主要是通过问题的求解，学生能应用、检测和熟练已学的知识。问题求解模式为学生提供了有力的问题求解工具，可以给学生提供创造性解决问题的机会和鼓励学生发展高水平思维技能及解决问题的策略。

3.2   课件制作平台分析

目前，用来制作多媒体课件的平台较多，并且在功能上各有特点。面对众多的多媒体课件制作平台，非计算机专业的教师，往往不知该从何选择。下面，我们就对目前最常用的几种多媒体课件制作平台进行分析对比。

3.2.1   Flash

Flash 是一款矢量图形编辑和动画创作的专业软件，采用基于时间轴和舞台的设计方式，能够支持丰富的媒体类型，如音频、视频、位图、矢量图形和文本等，生成体积小、可缩放、易传输的高质量动画，特别适合创作网络多媒体课件。

其主要优点是：可以制作效果丰富的教学动画，功能强大，并且所做动画文件数据量小；制作的是矢量动画，不论你把它放大多少倍，都不会失真，保证画面的清晰、亮丽；利用 Flash 生成的文件可以有载入保护功能设置，可防范他人任意修改浸透了你心血的作品，使你对自己的作品拥有完全的"版权"。

存在的缺点是：操作此软件需要一定的编程基础，对于非计算机专业人员来说使用困难；交互的实现比较复杂，需要运用脚本语言；制作需要较长时间；播放环境受到安装程序及版本的限制。

3.2.2   Authorware

Authorware 是基于流程图标的交互式多媒体制作工具，使多媒体课件的创作更加方便快捷。它能够将图像、视频、音频和动画等多种素材集成到一起并进行有机整合，形成交互性强、富有表现力的多媒体作品。

其主要优点是：提供完全可视化的设计环境，直接在流程图上进行操作；具备强大的交互控制能力；具备各种媒体数据的集成和处理能力。

存在的缺点是：采用图标式流程设计概念，普通用户不易理解，较难掌握；适合专业人员使用；基于流程，容易将结构复杂化，不便于后期的管理和修改；对网络支持不足；文件数据量较大。

3.2.3   PowerPoint

PowerPoint 是微软公司出品的 office 办公套件中的一个组件，是一款制作多媒体演示文稿的专业软件。用户可以将 PowerPoint 文件在投影仪或者计算机上进行演示，也可以将演示文稿打印出来，制作成胶片，以便应用到更广泛的领域中。一套完整的 PowerPoint 文件一般包含：片头、动画、PPT 封面、前言、目录、过渡页、图表页、图片页、文字页、封底、片尾动画等。它所采用的素材有：文字、图片、图表、动画、声音、影片等。国内的 PowerPoint 应用水平正在逐步提高，应用领域也越来越广泛，特别是在教育培训领域占着举足轻重的地位。

其主要优点是：利用它可以很容易地制作出演示型的多媒体课件；具有功能强大、简单易用的特点；制作的课件直观、明了，设计者不需要掌握高深的专业知识和技巧。

存在的缺点是：对图片、视频、文字、音频等只能进行展示；交互方面比较缺乏；打包以后的文件一般不加压缩，导致文件数据量大；引用外部文件比较有限，并缺乏控制。

3.2.4　FrontPage

FrontPage 是微软公司出品的一款网页制作入门级软件。FrontPage 使用方便简单，特点是所见即所得，该软件结合了设计、程式码、预览三种模式。无论是创建单个 Web 页面，还是规划、建设和维护大型网站，FrontPage 都能够胜任。当课件需要在网络上传播时，可使用它来制作简单的网页型课件。

其主要优点是：FrontPage 的界面与 Word 相似，操作简单，使用简便；它是可视化的网页编辑器，所见即所得，适合网页课件制作的初学者；操作界面简单，设计者不需要掌握高深的专业知识和技巧；很容易制作出演示型的课件；制作的是网页型课件，适合在网络上传播。

存在的缺点是：不能设计交互性课件；对图片、视频、文字、音频等素材不能进行深度处理；制作稍复杂的页面，便有点力不从心。

3.2.5　Dreamweaver

Adobe Dreamweaver，简称"DW"，中文名称"梦想编织者"，是美国 Macromedia 公司开发的集网页制作和管理网站于一身的所见即所得网页编辑器。Dreamweaver1.0 发布于 1997 年 12 月，它是第一套针对专业网页设计师特别发展的视觉化网页开发工具，利用它可以轻而易举地制作出跨越平台限制和跨越浏览器限制的充满动感的网页。Adobe Dreamweaver 有 Mac 和 Windows 两个系统的版本，它使用所见即所得的接口，同时也具有 HTML 编辑功能，是目前全球最流行、最优秀的所见即所得的网页编辑器。制作课件时，我们也经常使用它来制作网页型课件。

其主要优点是：它具有强大的多媒体功能界面；能制作出跨平台和跨浏览器的网页型课件；可制作充满动感的网页课件；具有站点管理功能，可以方便地设计管理多个站点；设计的课件代码冗余信息较少，能完成较复杂的网页课件制作；可通过插件来增强它的多媒体功能。

存在的缺点是：不能设计复杂的交互型课件；操作此软件需要一定的编程基础，很多功能需要用代码来完成，对于非计算机专业人员来说使用困难；对图片、视频、文字、音频等只能进行展示；难以精确达到与浏览器完全一致的显示效果。

3.2.6　3D Studio MAX

3DS MAX 是一个基于 Windows9x 或 NT 操作系统的三维动画制作软件。它具有十分逼真的光影效果、燃烧效果、爆炸效果、云雾效果等等。制作的动画可以形成 AVI、FLI、FLC 电影文件，可以单独播放，也可以供其他应用程序（如 PowerPoint、Director、Authorware 等）使用，同时还可以将动画中的每一帧画面保存成 BMP 格式的图形文件。利用 Video Post，在三维动画的后期制作中，还可以加入背景或声音等。3DS MAX 的立体图形制作的功能相当强大。它可以在二维造型的基础上，通过调整器的挤压、旋转等操作形成三维图形。也可以直接利用命令面板中的立体图形按钮拖放所需的三维图形。3DS MAX 的调整器多达几十种，利用这些调整器可以制作出各种各样复杂的三维图形。

3DS MAX 中的摄影机功能对制作课件十分有用，它可以使观看者从不同的角度来观察三维图形的特征，以及各三维图形之间的位置关系。它适合于各学科的课件制作，如地理中的天体运动、化学中的分子结构的变化、物理中的活塞运动、数学中的立体几何等等。许多用教具难以演示的内容，可以在 3DS MAX 中得到充分的展示。

其主要优点是：可制作效果丰富的立体动画，功能强大；制作的课件具有立体感，可根据制作者要求转换角度和方位，从而达到教学要求；对电脑系统的配置要求较低；可安装插件增强原本的功能。

存在的缺点是：很难设计交互型课件；操作复杂，对于非计算机专业人员来说很难掌握；较难使用软件以外的图片、动画、视频、音频等素材。

3.2.7　iebook

iebook 软件是一款互动电子杂志平台软件，它以影音互动方式的全新数字内容为表现形式，集数码杂志发行、派送、自动下载、分类、阅读、数据反馈等功能于一身。此软件自带多套精美 Flash 动画模板及 Flash 页面特效，软件使用者通过更改图文、动画、视频等即可实现页面设计，可自由组合，从而呈现出良好的制作效果。因为此软件操作简单、效果丰富，目前，许多教师都采用它来制作课件。

其主要优点是：操作简单，容易上手，播放方便；制作的课件效果丰富；可制作课件的导航目录，页面设置一目了然；可制作交互型课件；制作课件时要求使用的视频、动画均为矢量格式，因而可制作高质量的视频、音频、动画等；生成的课件不需要任何阅读器或插件就可直接观看。

存在的缺点是：制作的课件只能使用自带的模板和特效，限定了制作者的思维；制作的课件只能基于电子书形式。

以上这些制作课件的常用软件各有所长，也各有所短，因此，在制作课件时，我们要根据课件制作的需要来选择软件，这样，才能达到满意的效果。表 3-1 是常用的课件制作平台的比较。

表 3-1 常用课件制作平台比较

	Flash	Authorware	Power Point	Front Page	Dream weaver	3D Studio MAX	iebook
数据整合能力	支持数据格式少；操作相对复杂	支持几乎所有类型数据；操作相对复杂	支持的格式有限；操作方便	支持的格式有限；操作方便	支持几乎所有类型数据；操作相对复杂	支持数据格式少；操作复杂	支持的格式有限；操作方便
文本处理能力	文本滤镜增加效果	功能简单	专业处理	专业处理	功能简单	专业处理，可制作成立体文本	功能简单
媒体数据处理能力	可以直接控制	控制能力取决于控件	控制能力取决于控件	控制能力取决于控件	控制能力取决于控件	控制能力很差	可以直接控制
动画制作能力	专业动画设计	简单动画效果	简单动画效果	基本没有动画效果	简单动画效果	专业动画设计，且是三维动画	专业动画设计
交互设计能力	可实现，操作复杂	容易实现	难实现	可实现，操作复杂	可实现，操作复杂	难实现	容易实现
易操作性和可修改性	操作复杂	操作复杂	操作简单	操作简单	操作复杂	操作非常复杂	操作简单
播放环境的要求	需要安装特定插件	容易实现	容易实现	容易实现	容易实现	需要安装特定插件	很容易实现

3.3 课件制作——以 PPT 为例

制作课件时，由于 PowerPoint 软件（以下简称 PPT）具有制作简单、适用面广泛的特点，很多教师都喜欢选择它。下面，我们就以 PowerPoint 为例，介绍课件的制作。

3.3.1 PowerPoint 简介

PowerPoint 是 Microsoft 公司推出的办公软件 office 系列软件的一个组件，它是基于卡片或页面的幻灯片制作软件。操作简便，界面友好，配套模板、素材丰富的"电子幻灯片"制作是 PowerPoint 的最大特色。系统提供的模板和各种体贴的提示使你在几分钟之内就能制作出一个生动美观的多媒体课件。它是目前使用较为广泛的制作演示性课件的首选工具软件。

PowerPoint 可以帮助用户制作出图文并茂、生动美观、极富感染力的讲演稿、宣传稿、投影片或幻灯片等，适宜于教学、报告和演讲等场合。制作完毕后，还可以通过计算机屏幕、Internet、投影仪等将其发布出来。

在 PowerPoint 的编辑页面中，常用插入"文本框"(分横式、竖式两种)的形式输入课题、授课目的、重点、难点、授课内容和分析要点等。可以用醒目的字体、颜色，甚至是一些闪烁符号(如闪光电灯泡小图片加以强调)，以达到突出、美观的作用和视觉效果。

制作者可以利用 PowerPoint 自身的文字处理功能、绘图功能、插入声音文件功能、插入图表和组织结构等功能，制作一张张图文声并茂的幻灯片。可以方便地插入电影文件，再配合文字图表等幻灯片，制作出具有动感的课件。

除了使用电影文件外，还可以利用 PowerPoint 自身的动画功能，制作出使文字、图形具有动画效果的幻灯片。还可以利用幻灯片的复制功能（"插入幻灯片副本"），制作一系列在动作上具有连贯性的幻灯片，然后通过播放时间的设定，使之自动播放而成为具有连贯动作的动画片。

PowerPoint 的超级链接功能十分强大，可以是文字、图形等对象与某一张幻灯片进行链接，也可以与某个程序、某个文件，或者英特网上某个网站等进行链接。只要用鼠标点击或滑过具有链接关系的文字、图形或动作按钮，就可以播放或启动相应的链接对象。在课件制作中超级链接的功能十分有用。

但 PowerPoint 毕竟只是一个幻灯片演示软件，它的主要功能是"演示"，制作出的课件是演示型(帮助教师讲课，在使用过程中幻灯片的演示和老师的讲解结合)的课件，在交互性和多媒体素材的整合性等方面的功能比较弱。

3.3.2　PowerPoint 基本操作

一、PPT 的启动、保存和退出

1. 打开

单击桌面"开始"按钮，选择"程序"→"Microsoft Office"→"Microsoft Office PowerPoint 2010"，这是一种标准的启动方法。也可以双击桌面快捷方式图标"Microsoft Office PowerPoint ...."，这是一种快速的启动方法。打开程序后将出现如图 3-1 所示界面，此为 PowerPoint 的主界面。

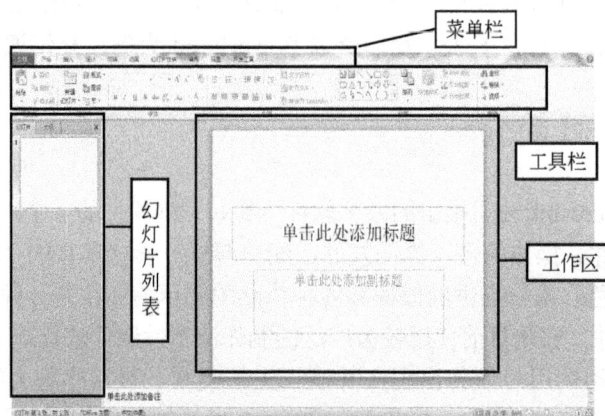

图 3-1　PowerPoint 主界面

2. 保存

单击"文件"菜单下的"保存"命令，出现"另存为"对话框，如图 3-2 所示，选择一个保存的路径，为该文件命名后单击"保存"按钮。

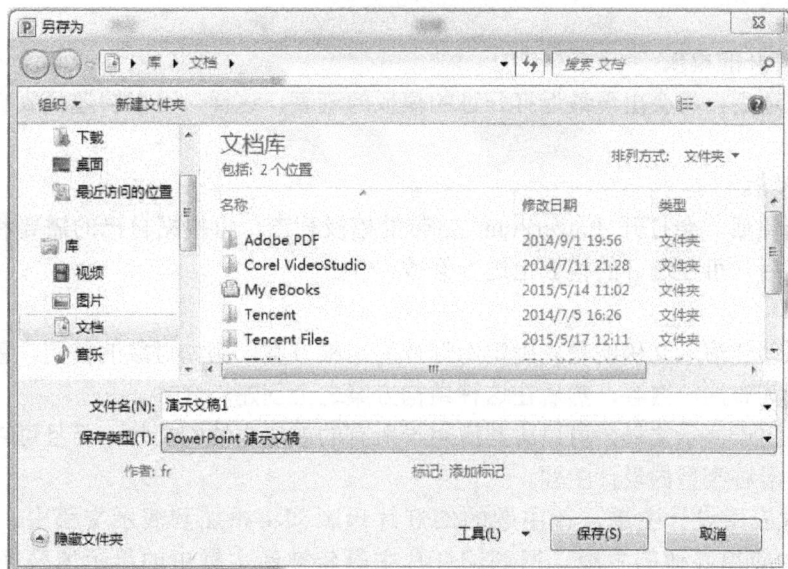

图 3-2 "另存为"对话框

3．退出

单击窗口右上角的"×"；也可以关闭所有演示文稿并退出 PPT；另外单击菜单"文件"→"退出"也可退出该软件。

二、创建幻灯片

新建演示文稿的方法有多种，最常采用的是选择"文件"→"新建"，将出现如图 3-3 所示对话框，在此对话框中对新建的演示文稿有多种选择，每种选项代表不同的类型。

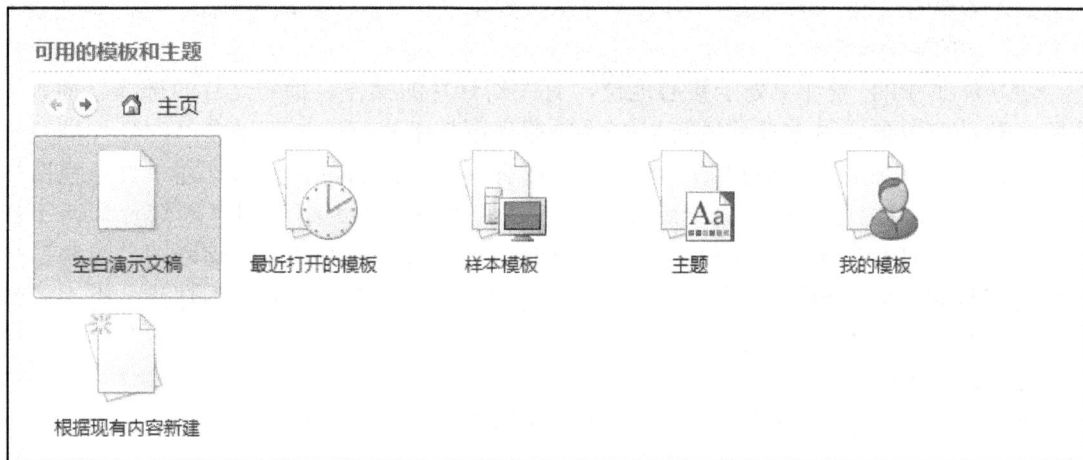

图 3-3 新建演示文稿选项

1．空白演示文稿

选中"空白演示文稿",将会新建一个空白的演示文稿，默认第一张幻灯片为"标题幻灯片"版式。

2．最近打开的模板

选择此选项后，将会出现最近打开过的模板的列表，这样，可以快速找到自己刚使用过的模板。

3．样本模板

选择此选项后，会打开 PowerPoint 自带的模板列表，可根据自己的需要和喜好选择。创建演示文稿后，可在选好的模板上进行修改。

4．主题

利用主题创建演示文稿就是先确定幻灯片的结构方案，例如对象的搭配、色彩的配置、文本的格式及其布局等内容，然后在这种结构方案之上创建幻灯片。

将主题应用于演示文稿，可以将其应用于所有的或选定的幻灯片，而且可以在单个的演示文稿中应用多种类型的设计主题。

无论何时应用设计主题，该主题的幻灯片母版都将添加到演示文稿中。如果同时对所有的幻灯片应用其他的主题，旧的幻灯片主题将被新主题中的母版所替换。可以将创建的任何演示文稿保存为新的设计主题，并且以后就可以在"幻灯片设计"任务窗格中使用该主题。

5．我的模板

选择此选项后，将打开自己曾经创建的模板的列表。

6．根据现有内容新建

选择此选项，在弹出的对话框中选择已有的 PowerPoint 幻灯片，将会打开已有的幻灯片，但却是以一个新的演示文稿存在。

三、幻灯片的编辑

应用 PPT 进行设计的简单过程是：首先按照顺序创建若干张幻灯片，然后在这些幻灯片上插入需要的对象，最后按照幻灯片顺序从头到尾进行播放（可以为对象创建超级链接来改变幻灯片的播放顺序）。

幻灯片在 PPT 设计中处于核心地位，有关幻灯片的操作包括幻灯片的选择、插入、删除、移动和复制，这些操作既可以在"普通视图"下进行，也可以在"幻灯片浏览视图"下进行。下面以"普通视图"为例，介绍有关幻灯片的各种操作。在"普通视图"下，PPT 主窗口的左侧是"大纲编辑窗口"，其中包括"大纲"和"幻灯片"两个标签，点击"幻灯片"标签，这时将显示当前演示文稿内所有幻灯片的缩略图，每张幻灯片前的序号表示它在播放时所处的顺序，通过拖动滚动条可显示其余幻灯片，有关幻灯片的操作在工作区进行。

1．幻灯片的选择

有许多操作的前提都要求先选择幻灯片，对幻灯片的选择包括单选（选择一张幻灯片）和多选（同时选择多张幻灯片），其中多选又包括连续多选（相邻的多张幻灯片）和非连续多选（不相邻的多张幻灯片），操作方法如下：

（1）单选

单击需要选定的幻灯片缩略图（在 PowerPoint 主界面左侧方框里的幻灯片为缩略

图），如图 3-4 所示，第二张幻灯片出现黄色框线，该幻灯片被称作"当前幻灯片"，即为正在编辑的幻灯片。

（2）连续多选

先单击相邻多张幻灯片的第一张，然后按住 Shift 键，单击最后一张。

（3）非连续多选

先单击某张幻灯片，然后按住 Ctrl 键，单击需要选择的其他一张或多张幻灯片。

2．幻灯片的插入

在设计过程中，我们往往需要添加很多幻灯片。可先选择某张幻灯片，然后单击菜单"开始"→"新建幻灯片"，在下拉菜单中选中一个符合自己要求的主题，则当前幻灯片之后就被插入了一张新幻灯片。简单一点的操作方法是先选择某张幻灯片，然后按"回车"键，当前幻灯片之后就被插入了一张新幻灯片。

3．幻灯片的删除

若某张（些）幻灯片不再有用，就需要删除幻灯片。选择欲删除的幻灯片（可以多选），然后按键盘上的"Delete"键，被选幻灯片即被删除，其余幻灯片将顺序上移。

4．幻灯片的移动

图 3-4　幻灯片缩略

有时幻灯片的播放顺序不合要求，就需要移动幻灯片的位置，调整幻灯片的顺序。选择欲移动的幻灯片，用鼠标左键将它拖动到新的位置。在拖动过程中，有一条黑色横线随之移动，黑色横线的位置决定了幻灯片移动到的位置，当松开左键时，幻灯片就被移动到了黑色横线所在的位置。

5．幻灯片的复制

当需要大量相同幻灯片时，可以复制幻灯片。复制幻灯片的步骤是：

第一步：选择需要复制的幻灯片；

第二步：右击选中的幻灯片，在弹出菜单中选择"复制"项；

第三步：右击复制的目标位置，在弹出菜单中选择"粘贴"项。

事实上，有关幻灯片的操作在"幻灯片浏览视图"下进行将更加方便和直观。打开"视图"菜单，在工具栏上有三个视图按钮，分别为"普通视图"、"幻灯片浏览视图"和"阅读视图"，点击它们可以在不同视图之间切换。

6．幻灯片中背景的改变

幻灯片的背景指的是幻灯片的底色，PPT 默认的幻灯片背景为白色。为了提高演示文稿的可视性，我们往往要改变幻灯片的背景，PPT 提供了多种方法允许用户自行设计丰富多彩的背景。背景的种类包括单色、渐变、纹理、图案、图片和设计模板等。

选择菜单栏的"设计"，并打开"背景样式"，界面如图 3-5 所示。

图 3-5　背景样式界面

在打开的"背景样式"中，有很多颜色方块，鼠标移动到这些颜色方块上，会发现工作区的页面颜色背景将会变得与此颜色方块一致。在颜色方块上，呈现黄色框线的是原本背景颜色，呈现浅黄色框线的为目前所选颜色。选择"设置背景格式"，将会打开如图 3-6 所示选择框。

图 3-6　"设置背景格式"选择框

在"设置背景格式"选择框中，可根据自己的需要设置个性化的背景颜色及图案。

1）纯色填充：在"颜色"中选择需要的颜色，并同时可设置其透明度。

2）渐变填充：在打开的选项中，我们可以选择渐变的颜色、方向、位置、亮度、透明度、角度等。

3）图片或纹理填充：我们使用外部的图片作为背景图片时，就可选择此选项。使用外部图片填充为背景图片的操作步骤为：

第一步：选择菜单栏"设计"→"背景样式"→"设置背景格式"；

第二步：在打开的选择框中选择"填充"→"图片或纹理填充"；

第三步：选择"文件"；

第四步：在打开的对话框中选择将作为背景的图片，并单击"插入"按钮；

第五步：再回到"设置背景格式"选择框，如图 3-7 所示。在选择框下面，单击"关闭"按钮，则只有此一张幻灯片背景图片为所选图片；单击"全部应用"，则此演示文稿所有幻灯片背景图片均为所选图片。

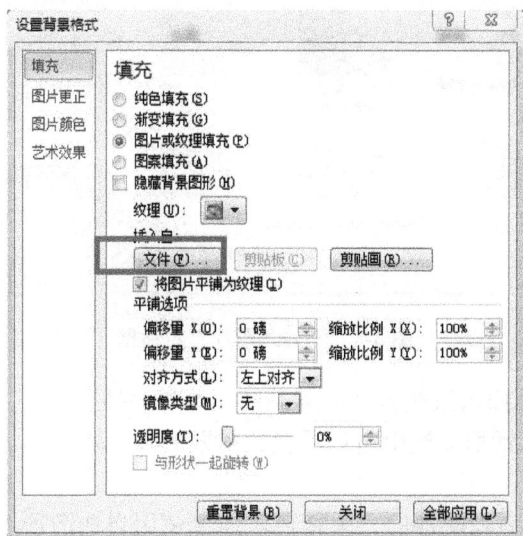

图 3-7 "图片或纹理填充"选项

4）图案填充：即选择一个图案作为背景，可调节图案的颜色。

5）隐藏背景图形：在使用母版制作幻灯片时，背景是母版里设置好的，有时某一张幻灯片不想使用设置好的背景，可勾选此项，背景将不显示母版里的图片。

7. 幻灯片中对象的插入

一张幻灯片上可以插入多个对象，幻灯片就像一个舞台，而对象就像演员一样。PPT 支持的对象种类非常多，包括文字、图片、剪贴画、自选图形、艺术字、组织结构图、影片、声音、图表、表格等，正是由于种类丰富的对象，PPT 才拥有了诱人的魅力。

（1）插入文本框

插入文本框的方法是选择菜单栏上的"插入"→"文本框"，可根据需要选择插入"横排文本框"或"竖排文本框"，在幻灯片上单击（单行文本框）或拖动（多行文本框）即可出现可输入的文本框。

（2）插入图片

图片指可被系统识别的外部位图或矢量图文件，PPT 可识别的图片文件非常多，包括emf、wmf、jpg、png、bmp、gif、tif 等。图片可以从网络下载，也可以使用图像处理软件制作，或者通过数码相机、扫描仪等图像输入设备获取，在插入图片前要保证该图片已保存在外存中。方法为：

第一步：选择菜单栏上的"插入"→"图片"，将会打开如图 3-8 所示对话框；

第二步：选中自己要插入的图片，单击"插入"按钮；

第三步：在工作区内，将图片移动到合适位置。

图 3-8 "插入图片"对话框

也可以通过上述方法插入系统自带的剪贴画。选择"插入"→"剪贴画"，则在工作区右边打开如图 3-9 所示对话框，选中自己需要的剪贴画，即可将其加入到演示文稿中。

（3）插入自选图形

自选图形是 Office 系列软件的一大特色，通过使用自选图形以及自选图形间的组合，用户可以自己创作复杂的矢量图。其使用方法如下：

第一步：选择"插入"→"形状"，则可打开如图 3-10 所示下拉菜单；

图 3-9 "剪贴画"对话框

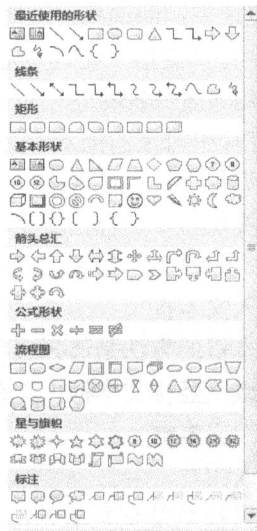

图 3-10 "形状"下拉菜单

第二步：点击所需图形按钮；

第三步：在幻灯片工作区上拖动鼠标左键，即可出现该图形，使用缩放控点和旋转控点可调整大小和旋转角度。

（4）插入艺术字

使用文本框输入的文字在颜色和形状上都缺乏变化，因此，**Office** 又创造了艺术字，用于制作丰富多彩的文字。插入艺术字的步骤是：

第一步：单击"插入"工具栏中的"艺术字"按钮，在下拉菜单中选择需要的字体样式；

第二步：在工作区上提示的位置输入需要做成艺术字的文字内容；

第三步：此时，在工具栏上会显示相关"格式"选项，如图 3-11 所示；

图 3-11　"艺术字"格式工具栏

在图 3-11 所示的工具栏中，可编辑"形状样式"，此项主要编辑的是所书写的文字外方框样式，可编辑填充的颜色、图片、投影、轮廓、三维效果等。

在图 3-11 中，还可编辑"艺术字样式"，即编辑的是所书写的文字的样式，可编辑其颜色、投影、轮廓、三维效果等。

此外，还可在图 3-11 所示工具栏中编辑所书写文字的排列，可编辑文字图层、对齐、旋转、大小等。

第四步：选择"开始"菜单，选中刚书写的艺术字，编辑其字体、字号等。

艺术字是一种特殊的图形，对它的操作和对自选图形的操作相似，也可对其进行缩放和旋转控制。

（5）插入组织结构图

组织结构图表示了一种树状的隶属关系，在表示隶属、分类时经常用到。插入组织结构图的步骤是：

第一步：单击"插入"工具栏"SmartArt"按钮，打开如图 3-12 所示对话框；

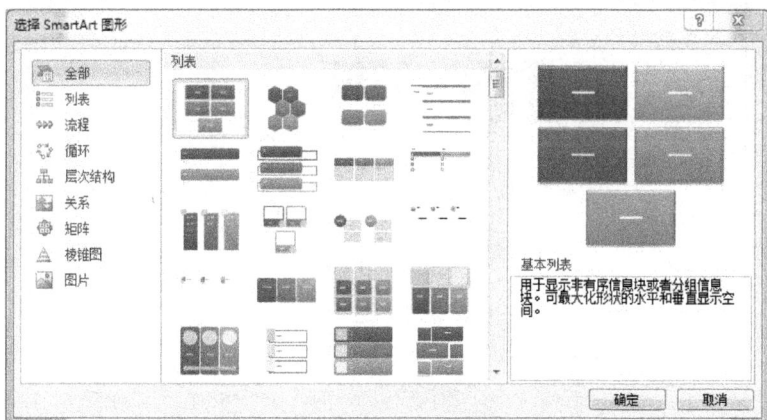

图 3-12　"SmartArt"对话框

第二步：在对话框中选择所需的"组织结构图"类型，单击"确定"，第三步：工作区内将会出现所选的"组织结构图"，同时，工具栏将显示相关设置选项，如图 3-13 所示；

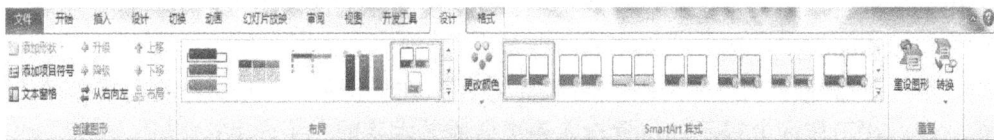

图 3-13   "SmartArt"相关工具栏

在图 3-13 工具栏中，可以更改"组织结构图"的布局、颜色、样式等，还可添加或删除形状。

在图 3-13 工具栏中，选择"格式"工具，则出现如图 3-11 所示工具栏，其操作与"艺术字"编辑相同。

第四步：单击选中幻灯片上的"组织结构图"中的"文本"字样，则可输入各个图框名。

"组织结构图"工具栏为修改组织结构图提供了极大的方便，让我们可以按照自己的需要用框图的形式展示教学内容，这样，使得教学更形象、结构更清楚、条理更分明。

（6）插入影片

影片指可被系统识别的外部视频文件。PPT 支持的视频文件种类非常多，包括 asf、avi、mpg、wmv 等，影片可从网络下载，也可从 VCD 截取，或者通过视频采集卡从视频源获取。在插入影片前，由于视频文件容量较大，为提高效率，应使用视频处理软件把有用部分截取出来，然后将截取出的视频文件拷贝到与 PPT 文件相同的文件夹中。插入影片的步骤是：

第一步：选择菜单"插入"→"视频"→"文件中的视频"，将会弹出插入视频对话框，如图 3-14 所示；

图 3-14   "插入视频"对话框

第二步：在弹出的"插入影片"对话框中找到所需视频文件，单击"插入"按钮；

第三步：视频将会出现在工作区内，同时，工具栏显示相应设置选项，如图 3-15 所示；

图 3-15　"视频"设置工具栏

在图 3-15 显示的工具栏中，我们可以调整视频的大小、颜色、亮度、对比度，还可调整视频的显示形状、边框效果、视频滤镜效果等。

第四步：选择菜单栏中的"播放"工具，可对视频的播放进行相关设置，如图 3-16 所示。

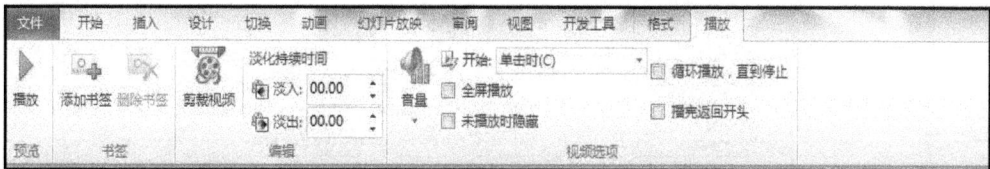

图 3-16　"播放"设置工具栏

在图 3-16 的"播放"工具栏中，

"剪裁视频"按钮：可打开视频剪裁器，对视频进行裁剪，剪去不需要的、多余的视频；

"淡入"按钮：可设置视频片头从无到有过渡的时间；

"淡出"按钮：可设置视频结尾从有到消失过渡的时间；

"开始"按钮：在随后弹出的对话框中选择"自动"或"在单击时"。"自动"指当播放到该张幻灯片时影片自动播放；"在单击时"指当播放到该张幻灯片时，只有单击一下鼠标，影片才会播放；

此外，还可设置是否全屏播放、播放的音量大小、是否循环播放等。

（7）插入音乐

在制作课件时，我们有时需要使用音乐作为教学内容，或需要一段声音作为背景音乐，烘托气氛，这时，就要插入音乐，步骤如下：

第一步：选择菜单"插入"→"音频"→"文件中的音频"，将会弹出插入音频对话框；

第二步：在弹出的"插入音频"对话框中找到所需音频文件，单击"插入"按钮；

第三步：音频将会出现在工作区内，同时，工具栏显示相应设置选项，这些选项设置与上述插入影片类似。

（8）插入 Flash 动画

插入 Flash 动画需要用到相关控件的支持，需要调出控件面板，插入 Flash 动画的步骤如下：

第一步：单击"文件"→"选项"，打开选项对话框，如图 3-17 所示；

图 3-17　PowerPoint 选项对话框

第二步：选择"自定义功能区"，将出现的"开发工具"选项勾选，单击"确定"；

第三步：选择菜单栏中的"开发工具"→"其他控件"，在弹出的"其他控件"对话框中单击"shockwave Flash object"，并确定；

第四步：在编辑区内按住鼠标左键拖动以定义动画的播放区域，在该区域内右键后选择"属性"，设置属性中的 movie 属性为动画的路径和完整文件名称（含扩展名 swf）。另外，如果要制作成一个独立的演示文稿，而不要再拷贝 Flash 文件，则可以用插入的形式（设置 embedmovie 属性为 true）。

8．幻灯片中动画的制作

制作幻灯片时，我们不仅需要在内容设计上制作精美，还需要给 PPT 增加一些动感，以此吸引学生注意力或帮助学生理解教学内容，这就需要我们制作一些动画效果。制作动画效果的步骤如下：

第一步：选中需要制作动画效果的对象；

第二步：选择"动画"菜单栏，将出现相应设置项目，如图 3-18 所示。

图 3-18　"动画"设置工具栏

第三步：在图 3-18 工具栏中，可选择常用的动画效果，如这些都不能满足要求，可选择"添加动画"，进行更多的动画效果选择，如图 3-19 所示；

在"添加动画"下拉菜单中，有各种动画效果，他们分别是：

进入效果：指动画对象出现的动画形式；

强调效果：对动画对象进行动画演示，以此吸引注意力；

退出效果：指动画对象消失时的动画形式；

动作路径：指动画对象根据所规定的路径进行动画效果的展示；

第四步："动画"设置工具栏中的其他参数设置：

开始："单击时"表示动画效果需要鼠标单击才能显示，"与上一动画同时"表示动画效果与上一个动画效果是同时显示，"上一动画之后"表示动画效果是在上一个动画显示完以后才开始进行展示；

持续时间：指动画展示所需的总时间；

延迟：指动画效果展示前需要等待一定的时间才能正式开始展示；

动画窗格：将会打开"动画窗格"对话框，如图 3-20 所示。在"动画窗格"中，排列的是一张幻灯片中所有对象的动画效果，幻灯片在播放时，是以该排列从上往下顺序播放，可在此对话框中调整动画效果播放的顺序，删除动画效果等。

图 3-19　"添加动画"按钮下拉菜单

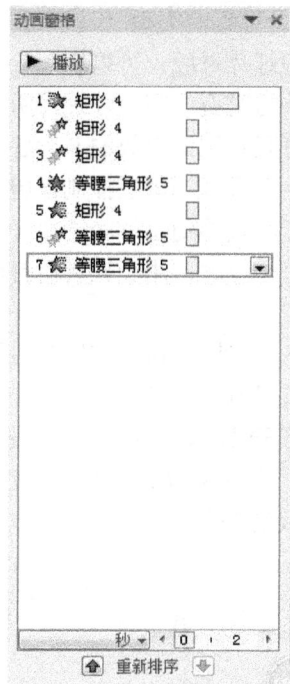

图 3-20　"动画窗格"对话框

9. 幻灯片的切换

为了增加幻灯片的动感，可以在各张幻灯片之间的过渡加上一些好看的效果，具体操作为：

第一步：选择菜单栏中的"切换"，将会打开相应设置参数，如图 3-21 所示；

图 3-21　"切换"设置工具栏

第二步：选择需要的切换效果，可在"效果选项"中选择切换的方向，选择"全部应用"则让整个演示文稿均为此选择的切换效果，"换片方式"可设置幻灯片为鼠标单击播放或自动播放；

四、母版的使用

为了使演示文稿在现场放映时能够较好地表达出设计者的意图，针对不同的演示内容选择不同风格的幻灯片外观是十分必要的。PowerPoint 提供了 3 种可以控制演示文稿的外观的途径：母版、配色方案和设计模板。

母版是一张为了统一演示文稿的版式所建立的幻灯片，其中 PowerPoint 自身已经设置了母版幻灯片的标题和文本的格式和位置，在母版中添加的对象将显示在基于母版的幻灯片上。所以，对母版的修改将会影响到所有基于该母版的幻灯片，利用母版可以设计出前后风格较为统一的演示文稿。

1．母版的类型

幻灯片母版：可以统一除了标题幻灯片以外的所有基于该母版的幻灯片中的标题和文本的格式与类型。在幻灯片母版中添加的所有对象（例如添加的图片、页眉和页脚等）都会作用到每张基于该母版的非标题版式的幻灯片上。

标题母版：可以控制标题版式幻灯片的格式和位置。对标题母版的修改不会影响到其他非标题版式的幻灯片。

讲义母版：用于控制所打印的讲义的外观。对讲义母版的修改只能在打印的讲义中得到体现。

备注母版：可以控制备注页的版式。

2．幻灯片母版

打开演示文稿，在"视图"菜单下，选择"母版"，此时可以选择"幻灯片母版"、"讲义母版"和"备注母版"。如图 3-22 所示。在此仅以"幻灯片母版"为例介绍母版的制作。

图 3-22　"视图"工具栏

第一步：单击"幻灯片母版"，其中在"幻灯片母版视图"工具栏的第一个按钮就是"插入新标题母版"，可以设置"标题母版"；

第二步：幻灯片母版有 5 个区域：标题区、对象区、日期区、页脚区和数字区，每个区域都可以进行相应的编辑操作，单击各区域，即可进行编辑。如图 3-23 所示。

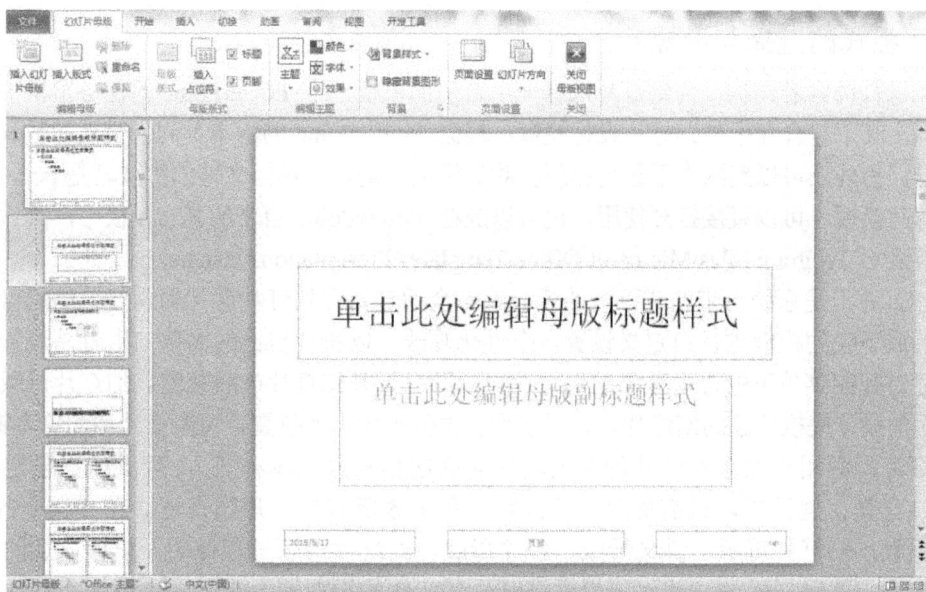

图 3-23 幻灯片母版编辑窗口

第三步：编辑完成后，选择工具栏的"关闭母版视图"，即可立即将所编辑的母版应用于正在制作的演示文稿中。

3.3.3 使用 PowerPoint 制作幻灯片案例

PowerPoint 软件操作简便，界面友好，整合素材方便，它是"电子幻灯片"制作的首选。现在，我们以案例的形式来简单介绍如何使用 PowerPoint 来制作一个演示型的电子幻灯片课件。本案例主要是介绍使用 PowerPoint 来制作演示型课件的制作流程，重点讲解在幻灯片中如何使用多媒体素材，最后如何增强课件的移植性等问题。

一、前期的准备工作

在开发课件之初就要选定课件的主要内容，本案例的内容为中学生主题班会《谈谈上网的利与弊》。在某个盘符下为课件创建一个文件夹，使用 PowerPoint 建立的幻灯片应保存在该文件夹下。并且还要在该文件夹内部为各种类型的素材分别建立文件夹并命名，把各种相应的素材都放到其中。这样方便素材的插入或调用，对于最后幻灯片的移植使用也很方便。

在确定了课件的内容后，接着就要理清课件内容的结构，知识内容可以分成哪几个部分，每一个部分又包含哪几个知识点等等。在本案例中：

课件内容：主题班会

教学目标：让中学生客观、全面、理性地评价网络的利与弊；

重点：通过一些鲜活的案例告诫学生应科学合理地使用网络，不要沉溺于网络游戏；

难点：让学生理解网络是一把"双刃剑"；

因此，在设计课件时应考虑到如何利用多媒体技术更好地把网络的利与弊的鲜活案例展示在学生面前。

二、板式的选择与设置

根据课件的内容结构，为幻灯片选择一个合适的模板。在 PowerPoint 的任务窗格中有设计模板选项，其下包含几十种幻灯片设计模板，根据 PowerPoint 的版本不同，模板的数量和样式都有差异。另外还可以到网上下载自己所喜欢的模板，幻灯片模板文件的扩展名是 pot。对于下载的幻灯片模板，可以直接打开使用，也可以放在 PowerPoint 自带的其它模板中，具体保存的目录一般是 C:\Program Files\Microsoft Office\Templates\Presentation Designs。

当然，并不是系统自带的或下载的模板就完全适合自己幻灯片课件的需要，仍然可以对系统自带的或下载的模板进行自定义设置，个性化修改，以符合自己的需要，也就是设置幻灯片母版，通过视图菜单下的母版菜单的幻灯片母版即可打开幻灯片母版视图。幻灯片母版指存储有关应用的设计模板信息的幻灯片，包括字形、占位符大小或位置、背景设计和配色方案。

幻灯片母版用于设置幻灯片的样式（包含标题样式和文本样式），可供用户设定各种标题文字、背景、属性等，只需更改一项内容就可更改所有幻灯片的设计。在 PowerPoint 中有 3 种母版：幻灯片母版、讲义母版、备注母版。幻灯片母版是存储关于模板信息的设计模板，包含演示文稿样式的文件，包括项目符号和字体的类型和大小、占位符大小和位置、背景设计和填充、配色方案以及幻灯片母版和可选的标题母版。可以像更改任何幻灯片一样更改幻灯片母版，但要记住母版上的文本只用于样式，实际的文本（如标题和列表）应在普通视图的幻灯片上键入，而页眉和页脚应在"页眉和页脚"对话框中键入。本案例的母版视图为了表达强烈的对比性，采用了红色和黑色对比的背景色，如图 3-24 所示。

图 3-24　母版背景色

三、编辑各张幻灯片

设置好幻灯片模板后，关闭幻灯片母版视图回到普通视图，就要着手编辑各张幻灯片。一般来说，幻灯片的第一页是用于显示章节的标题和授课者（制作者）的相关信息的。幻灯片的第二页一般用于显示本章节内容的目录和一些知识点，这里应设置超级链接以便于各知识点的组织和教师演示讲授。其余的幻灯片用于具体演示教学的各个知识点。

在各个知识点的编辑中，文本信息的输入使用文本框来完成，图片信息通过插入图片即可完成，声音和视频信息的使用方法也通过插入命令可轻松完成。这里仅介绍背景音乐的设置和 Flash 动画的使用。

1. 设置声音文件作为背景音乐

如果想让插入的声音文件在多张幻灯片中连续播放，起着背景音乐的作用，可进行如下操作：插入声音后，选中声音提示符号小喇叭，选择菜单栏中的"动画"→"动画窗格"，在打开的窗格中右键该声音文件，选中其中的"效果选项"命令，在停止播放下设置声音在第 N 张后停止播放即可。这里 N 的值只要等于需要播放背景音乐的幻灯片张数即可。

2. Flash 动画的使用

在 PowerPoint 中使用 Flash 动画大致有三种方法，一是使用超级链接的方法；二是使用插入对象的方法；三是通过控件管理器，将 Flash 动画直接插入到 PowerPoint 工作区。前两种方法在播放 Flash 动画时都需要调用 Flash 播放器，在幻灯片外部播放动画，且不能调节动画窗口的大小和所处的位置；第三种方法既可以调整动画窗口的大小和位置，又可以利用按钮控制动画的播放。这种方法的具体操作如下：

使用 PowerPoint 2010 版本，调出"其他控件"工具（在"PowerPoint 基本操作"中已经介绍过此知识点），在其中选择 Shockwave Flash Object 控件。在 PowerPoint 的工作区中利用鼠标拖出一个矩形区域作为播放 Flash 动画的窗口，在该区域内右键选择"属性"命令，并设置 Flash 动画的一些常规属性。在该属性面板中选择 Movie 属性，在其中输入 Flash 动画的完整路径和 Flash 动画的文件名（含扩展名 SWF），如 E:\多媒体课件\动画\片头.swf。

另外，如果要把该 Flash 动画嵌入到幻灯片中，而不是以链接的形式，则需要在属性面板中设置 EmbedMovie 属性值为 True。

3. 视频文件的使用

由于需要向学生展示一些典型的案例，最后提供一些真实的视频文件，以便能从心灵的深处触动学生，而不是仅仅记住教材中的"上网文明公约"。在向学生展示网络的正面功能时可以从网络资源共享和网络通讯两个方面来进行，因为这些功能学生是知道的，可以仅仅提供文字资料或一些具体数字即可达到教学目的。但是，对于网络的负面影响则需要提供一些视频文件以触动学生。可以从这样几个方面来收集视频资料：沉溺于网络游戏对身心健康的致命影响；网络游戏引发的暴力事件；利用网络进行的经济犯罪行为等方面。

在使用视频文件时，需要先下载到先前建立的文件夹中，如果视频文件太大可以考虑进行压缩以提高课件播放的流畅性；单个的视频文件不易过长，能说明问题即可。

四、设置各个超链接

对于各张已经编辑好的幻灯片，就需要通过超链接把它们有机地连接起来，以便能更清晰地呈现教学的内容。

PowerPoint 的超链接功能是它的一个突出的优势，功能全面且操作简单。PowerPoint 的超链接的链接源可以是文本、图片等对象；链接的目的地可以是本幻灯片文件的其它页面、本地计算机的其它文件或任意的网页地址；链接的功能主要有实现知识点的跳转连接和翻到指定的页。

无论哪种形式的链接，在操作方法上都是基本一致的：先选中链接的源（出发点），执行菜单栏"插入"→"超链接"，在弹出的面板中设置链接的目的地。

在本例中，主要是需要链接到相应的视频文件。需要注意的是当链接到视频文件时，需要计算机中有相应的视频播放软件。

五、使用

制作完成的幻灯片便可以用于课堂教学等场合。如果用于播放幻灯片的计算机不是制作该幻灯片的计算机，主要有两种使用方法：复制文件夹和打包使用。

1．复制文件夹

将制作好的包含课件、课件中用到的各种素材（如声音、视频、动画）直接拷贝到要播放课件的计算机中使用。

2．打包播放

在使用课件时，要播放课件的计算机中可能没有安装 PowerPoint 软件或版本不同，课件中使用的各种素材在前期也没有进行分类整理，这些问题都将给课件的异地播放带来不便，通过打包可以妥善地解决上述问题。

在课件制作完成后，执行"文件"菜单下的"保存并发送"命令，则出现如图 3-25 所示的选项面版，在本例中选择其中的"将演示文稿打包成 CD"，再单击旁边的按钮"打包成 CD"，即可出现如图 3-26 所示的"打包"对话框，可以选择添加更多的 PPT 文档一起打包，也可以删除不要的打包的 PPT 文档。单击"复制到文件夹"按钮之后弹出的是选择路径跟演示文稿打包后的文件夹名称，可以选择你想要存放的位置路径，也可以保存默认不变，系统默认有"在完成后打开文件夹"的功能，不需要可以取消掉前面的勾。

点击"确定"按钮后，系统会自动运行"打包复制到文件夹"的程序，在完成之后自动弹出打包好的 PPT 文件夹，其中看到一个 AUTORUN.INF 自动运行文件，如果我们是打包到 CD 光盘上的话，它是具备自动播放功能的。PowerPoint 自动将课件、所插入的视频和声音等多媒体素材和一些其他课件运行所必需的文件一并打包，打包后生成的文件夹如图 3-27 所示。

图 3-25 "保存并发送"菜单

图 3-26 "打包"对话框

图 3-27 打包后自动生成的文件夹

将该打包文件夹拷贝到要播放课件的计算机，无论该计算机是否有 PowerPoint 软件或不同版本的 PowerPoint 软件，都可以顺利播放课件了。

3.4 课件制作过程中常见问题及注意事项

3.4.1 课件制作过程中常见问题及对策

在我们制作课件过程中，常会遇到很多问题，苦于没有办法解决。下面，我们就制作课件中容易出现的一些常见问题给予一些解决方法。

一、PPT 幻灯片的顺利播放

我们在课堂中或参加比赛时，经常会遇到 PPT 幻灯片播放不完整或不能播放的问题，这是由于版本的不同而造成的。微软公司生产的软件的最大特点是高版本兼容低版本，而低版本不完全支持高版本。

解决此类问题的办法很简单，将制作好的 PPT 幻灯片在自己的电脑中利用 PowerPoint 打包，打包后的文件夹中就会有 PPT 播放器。在其他场所播放此 PPT 时，利用的就是自己文件夹中的播放器，这样，再低版本的 PowerPoint 也不会影响我们播放幻灯片。

二、Flash 动画的完整播放

我们经常会遇到 Flash 播放不出来，或 Flash 播放的动画要素不全的问题，归其原因，有可能是播放课件的电脑没有安装 Flash，或者安装的 Flash 版本低。Flash 同样存在高版本兼容低版本，低版本不完全支持高版本的特点。

解决的方法为：制作课件时为了防止其他电脑中不装或装的 Flash Player 播放器版本低，可在课件的文件夹中，内置（复制）能打开课件的较高版本的 Flash Player 播放器。在播放课件前，先打开 Flash Player 播放器，用此内置的播放器逐个打开课件中的 Flash 文件，以示确认。关闭 Flash Player 播放器，再播放课件时，无论电脑中有无 Flash Player 播放器，都能顺利地进行 Flash 的播放。

三、课件中加入的信息过量

教师运用 PowerPoint 课件进行教学时，不仅能在较短的时间内向学生展示大量的教学内容，而且能省去写黑板和擦黑板的时间，因此有的教师就追求大容量的课件，使得这些课件播放时间远远超出一节课所需的时间。这样导致课堂上师生互动时间太少，教师提问、板书、讨论等互动内容随着课件内容过多使用而逐渐丧失，学生的反馈信息、师生之间的情感交流都被课件所湮没。

解决的办法就是让课件显示的信息简洁，有针对性。在 PowerPoint 课件制作中，应注意课件的简洁、直观性，对课堂内容起到画龙点睛的作用。课件里制作的内容一般只应该包含该节课的教学重点，如：教学目标中章节的重难点、重要概念、词汇和思考问题等，对一些过渡性的段落，一些背景资料等则应该由教师口述，切忌大容量地描述，以免造成学生的视觉疲劳，甚至产生厌学心理。

四、课件中过多地偏重技术含量

很多教师在制作课件时为了追求课件的"档次"，将能收集到的所有素材，无论与课程内容有无关系，对学生有无帮助，均堆砌到课件中。有的教师为了加深学生对教学内容的理解，在课件中，运用各种各样的图片、动画、视频、音频等素材，令人目不暇接，让学生眼花缭乱。这样的课件往往会分散学生的注意力，使教学效果大打折扣。

其实我们制作课件时，应该事先撰写课件制作脚本，有选择性地使用图形、图像、动画、声音、影像等素材，应着眼于激发学生的学习兴趣，让学生的学习有一个循序渐进的过程，给学生留有思考的余地，超越传统媒体的局限，变抽象为形象，化繁为简，更好地帮助学生突破重点难点，从而提高课堂效率，实现教学的最优化。

五、色彩搭配不合理

在制作课件过程中，要注意色彩的合理应用。有的教师为了吸引学生的注意力，追求画面色彩丰富，直接导致学生的注意力全集中在画面背景上，而忽略了课件演示的内容。有的教师在课件设计时不注意色彩的搭配，使得很多内容对比度不够，显示不清楚，给学生阅读课件造成了障碍。

制作课件时要以教学为主，颜色的使用要从审美角度出发。课件中背景应一致或基本一致，背景色彩清淡典雅，搭配合理，画面要符合学生的视觉心理。这样制作的课件能突出重点、分散难点，把难以用语言描述的原理和过程用多媒体素材形象、直观地演示出来。

六、课件中按钮设置不统一，超链接混乱

有许多教师在制作课件中的按钮时，设置不统一，字体不同，色调混乱，让人眼花缭乱。他们在制作超链接时，由于反复修改或增删幻灯片，导致原来设置的超链接发生了变化。

其实，在课件中的按钮或超链接可以采用文字、图片或图标来设置。一般来说，在主目录里除"退出"按钮以外都采用文字作为按钮；而在具体的内容里，一般采用图标作为按钮。在设置时要注意按钮的大小、位置要适当。按钮尽量放在画面底部角落里，不要覆盖在要表达的教学内容上。对于课件中的超链接，在设置完后应该进行测试，这样才能保证链接

的完整性。

3.4.2 制作教学课件应注意事项

在制作课件中，除了上述常见问题以外，还需要注意如下几点事项：

（一）素材准备充分

教师平常应收集一些图片、动画、视频、音频等素材，并对其分门别类进行整理，做到以后制作课件时有备无患。制作教学课件就如同写文章一样，对阐明的主题和课件的结构要有清晰的把握，对阐明主题要使用的材料应准备充分，只有这样才能制作出高质量的课件，同时也可以减少制作时间，提高工作效率。

（二）首页清新整洁

首页是课件的第一个页面，是等待正式上课前的页面，它的作用是使观众的注意力迅速集中到演示画面上来，因此首页应清新整洁，不要花哨华丽。一幅风景图片，一段优美音乐，一句欢迎话语或课件的主题词就可以构成一幅漂亮的首页。首页的设计切忌多幅图片杂乱无章排列，主题不明，文本繁多，色彩过杂，搭配不当。

（三）目录简单明了

对于课件的目录，应简洁明了，层次清楚，跳转灵活，像一个向导，提示并指明观众观看的内容。目录页的重点是"目录"，其他所有内容都只能是目录的陪衬，决不能喧宾夺主。一个标题、一个目录条、少量的按钮、简单明快的背景，就构成了一个漂亮的目录页。

（四）背景清淡典雅

课件中各页面的背景应一致或基本一致，背景色彩应清淡典雅，不宜花哨零乱，色彩反差不宜过大。背景只是页面的一种装饰，不能喧宾夺主。

（五）文字内容言简意赅

课件上的文字内容就像在黑板上板书一样，不宜过多、过长，应主题鲜明、详略得当、言简意赅、恰到好处。文字与背景的对比要鲜明强烈、清楚明晰。尽量选择深色背景配浅色文字，或者浅色背景配深色文字，如果用颜色相近的背景和文字，学生会看不清楚，影响教学效果。

（六）图文混排布局合理

课件中经常会有图文混排的页面，此类型页面要注意重点突出，不要喧宾夺主，文字与图案应相互独立。如页面里有较多的图片同时出现时，图片的排列应按照一定的规则，松紧得当。

（七）颜色搭配合理清新

课件中色彩搭配要合理、清新漂亮，突出重点。

（八）动画效果合理适度

在课件中合理地使用动画效果，可大大增加课件的观赏性和趣味性，但不是所有的对象都适合使用动画效果。动画设置应适量、适当、适度，过量或过于花哨的动画效果往往使学生过分注意动画而忽视了主题。一般情况下，主题词、文本正文最好不要设置动画效果，而对正文的补充、解释或说明性的文本可以设置简单的进入和退出效果。动画的进入和退出速度应适中，不要太快或太慢。

（九）课件完整统一

对于课件来说，最重要的是保证其完整性。一般来说，有目录，就要有链接；有链接，就要有返回按钮。通常的做法是将链接的文件与课件放在同一文件夹下，这些文件都是不能删除的。

制作教学课件，需要将它当作一件艺术品一样精雕细琢、深思熟虑，才能出精品。

第四章　教师教学媒体应用能力

4.1　教学设备的使用

4.1.1　中控系统

中控系统是指对声、光、电等各种设备进行集中控制的设备。随着投影仪、视频展台、交互式电子白板等技术的快速发展，多媒体教学系统已经成为现代化教学的必然趋势。在选择布置多媒体教学系统时通常采用统一布线组建多媒体教室，而由多媒体教学中央控制系统（以下简称为"中控系统"）集中控制协调管理。

一、中控系统构成

中控系统一般应用在多媒体教室、多媒体会议室、监控及指挥中心等搭建的与多媒体平台相关联的电子设备系统中。多媒体教室中控系统以多媒体中央控制器（如下图4-1）为控制中心，连接投影仪、多媒体计算机、电视机、交互式电子白板、电动幕布、影碟机、摄像机、视频展示台、笔记本、音响、扩音器、有线话筒、无线话筒等，系统结构如下图4-2所示。

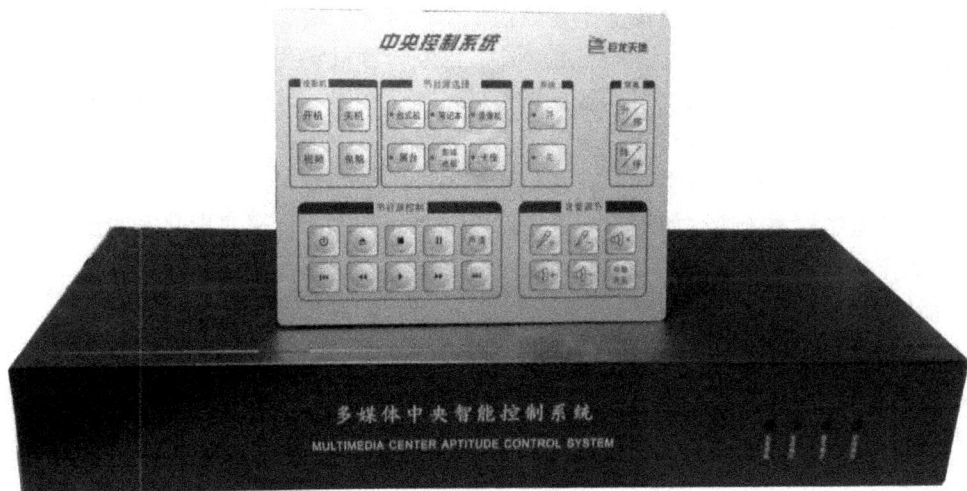

图 4-1　多媒体中央控制器

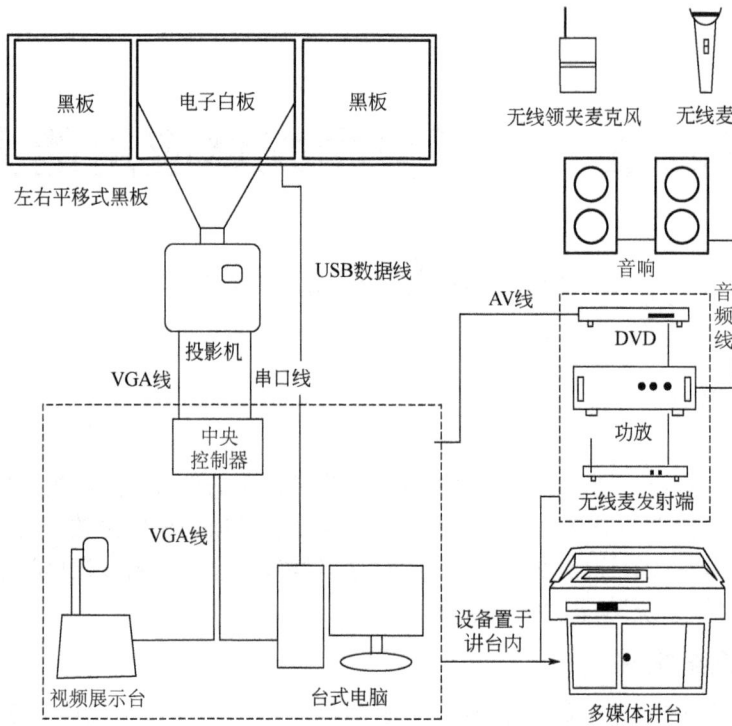

图 4-2　多媒体教室结构图

二、中控系统教学功能

由于多媒体教室中使用了多种数据、视频/音频设备，中央控制系统用系统集成的方法，把整个多媒体演示教室的设备操作集成在一个平台上，所有设备的操作均可在这个平台上完成，方便教师开展多媒体教学活动，例如利用计算机调用多媒体课件；播放 VCD、DVD、录像带等音像教学内容；利用校园网或 Internet 网络，调出自己需要的教学资料；利用数字视频展示台将书稿、教材、图表、图片、实物以及教师即时书写的文字、画图投影到银幕上；利用投影片等进行教学。

多媒体教室中控系统通过如下图 4-3 所示中控系统控制面板来实现基本的操作。具体能够进行的操作包括：

1）能够控制液晶投影仪的开机/关机；

2）能够方便进行输入信号切换；

3）实现电动幕布的上升、下降；

4）能够方便的插入 USB 设备；

5）能够方便教师连接笔记本电脑；

6）能够控制音量，进行音量大小的调节功能等。

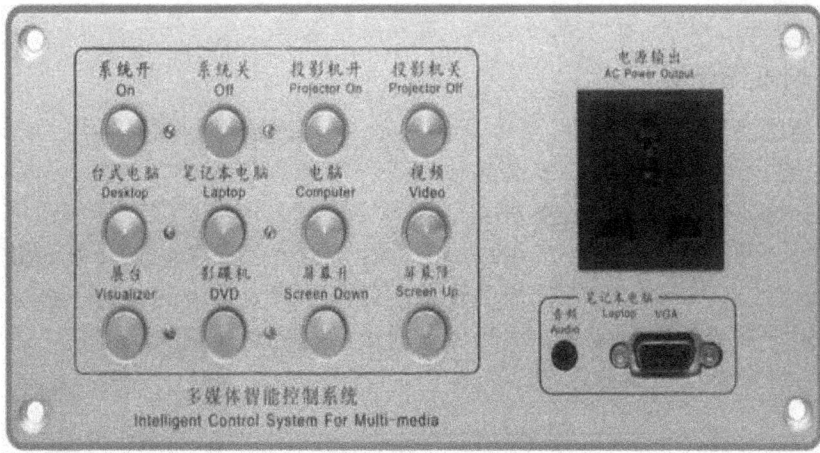

图 4-3 中控系统控制面板

三、多媒体教室中控系统使用方法

1）打开电源开关。

2）启动中控系统：按中控面板"上课"按钮。

3）启动电脑：打开机柜门，按电脑电源开关，Windows 系统启动。

4）开启投影仪：按控制面板"投影仪控制"区域下"投影仪开"键，数秒后投影灯亮。

5）切换电脑信号到投影仪：按"信号切换"区域中"台式电脑"，即为把电脑的输出信号送到投影仪。

6）切换数字展台信号到投影仪：按"信号切换"区域下"数字展台"，即为把数字展台的输出信号送到投影仪。

此操作之前先要启动数字展台。打开机柜盖板，用力提起展台到合适位置并展开数字展台的臂灯以及摄像头，打开数字展台的电源开关，然后根据使用需要按相应按键选择调节。

7）教学活动结束后，先关闭计算机、收起数字展台，再按中控面板"下课"按钮，最后关闭机柜。

需要特别说明的是，如暂时不使用投影仪而关闭了它，要重新启用时应等待 5 分钟以上。

4.1.2 音响

音响是指除了人的语言、音乐之外的自然界和人造环境中所有声音的统称，包括自然环境的声响、动物的声音、机器工具的音响、人的动作发出的各种声音等。本章谈论的是作为教学环境组成部分的音响系统，例如教师通过放声系统重现出来的古诗朗读。

能够重现声音的放声系统，称为音响系统。在教学活动中，音响系统是使用最为广泛的一种信息表现方式。无论是采用哪一种教学模式，教师的教学活动都很难离开声音而单独存在。音响系统应用于教育过程，可对教育信息进行记录、存储与传播，从而使教育信息的传播突破时间、空间的限制，扩大教育规模，提高教育效果。

一、音响系统组成

一个完整的音响系统构成包括：音源（放音设备或拾音设备）、控制设备（调音台）、周边设备（包括压限器、效果器、均衡器等音频处理器）、还原设备（功放、音箱、喇叭等）等，以上设备通过各种类型不同的线材、电缆串接在一起组成，如图 4-4 所示。其中，音源系统主要用于提供原始的声音信号；控制系统主要用于将多路输入信号进行放大、混合、分配等加工；周边设备主要用于声音信号的补偿、修饰和美化；还原设备主要用于声音的输出还原。根据课堂教学活动中对音响系统的使用情况，本章主要介绍扩音系统和录放音系统。

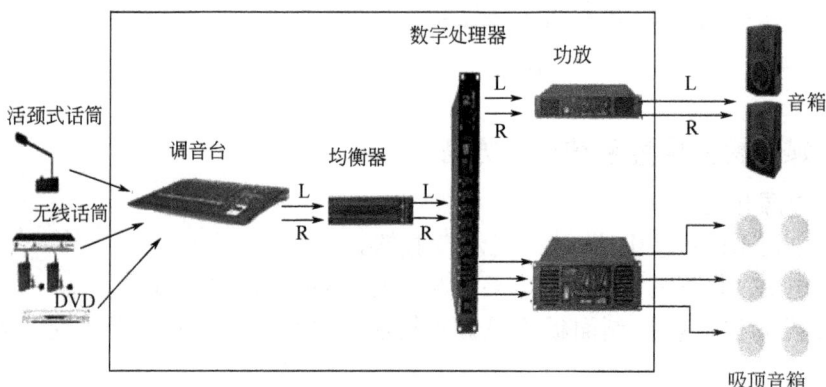

图 4-4　小型会议音响系统连接图

二、扩音系统

为了扩大教学传播的规模和范围，通常要经过扩音教学系统。扩音教学系统主要由扩音器、音箱、话筒等组成，如图 4-5 所示。

4-5　扩音系统

1．传声器

传声器又称话筒，俗称麦克风，是把声波转换成电能的一种器件。这与我们耳朵的"工作"原理很相似，是依靠振膜感应声波引起的空气压力变化来工作的。动圈话筒的振膜（相当于我们的耳膜）位于一块圆柱形磁铁和一块软铁之间的环形空隙中，振膜上连接着一个悬于两磁极之间的可动线圈，这个线圈我们通常称之为"音圈"。声波振动振膜，使音圈在运动中切割环行缝隙中的磁力线，从而感应出电流并输出。

（1）分类

1）按工作方式可以分为电容话筒和动圈式话筒，结构如下图 4-6 与 4-7 所示。

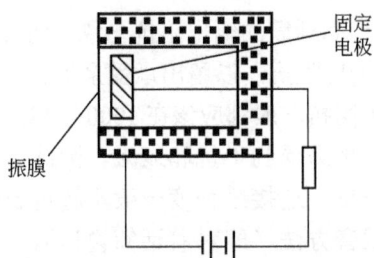

图 4-6　电容式话筒

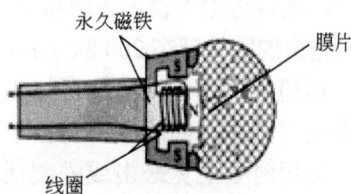

图 4-7　动圈式话筒

2）　按信号传输方式可以分为有线话筒和无线话筒（如图4-8所示）。

图 4-8　无线话筒

3）　按照拾取声音的方向性分为：心形、超心形、8字形、全指向、单向话筒等。

4）　按照外形可以分为：手持式、领夹式、鹅颈式、头戴式等。

（2）主要性能参数

灵敏度：它是表征传声器电声转换能力的一个指标，其定义是在单位声压作用下输出的电压或电功率的强度。一般情况下信号越大，产生的信号电平越高，话筒的信噪比就越高，话筒的灵敏度就越高。灵敏度常用单位分贝（dB）表示。

频率响应范围：是话筒能够拾取到的最低有效声音频率到最高有效声音频率之间的范围，单位为赫兹（Hz）。一般课堂教学用的话筒频率在300Hz～3kHz就能满足要求；录制音乐的话筒频率范围在16Hz～13kHz以上。理想话筒的频率范围应为16Hz～20kHz。

输出阻抗：输出阻抗是指输出电路中电容、电感、电阻对电信号的阻碍作用，常用欧姆表示。根据输出阻抗的不同，话筒分为低阻抗话筒和高阻抗话筒两种。

指向性：又称为方向性，是指话筒对来自不同方向的声音拾取的灵敏度不同。当声波以不同角度入射到振膜时，振膜所受到的作用力不同，因此相应的输出也不同。可以分为单向性话筒、双向性话筒、全指向性话筒等。

（3）话筒的使用

1）　正确持话筒，正确把握话筒与嘴巴之间的距离；

2）　避免话筒正对音箱。话筒正对音箱，由于经过放大的声音从音箱传出来，会再次被话筒拾取进而引起循环放大，导致扩音器瞬时音量过大而出现啸叫。为了避免啸叫，要使话筒远离音箱，同时，扩音器的音量大小要适当；

3) 阻抗匹配。理论上讲，输入设备的输入阻抗应当和话筒的输出阻抗一致。而实际上并不是这样，功放等输入设备的阻抗应当远远高于话筒的输出阻抗，以留出承受余地。一般来说专业话筒输出的阻抗都在 200 欧左右，而专业功放的输入阻抗一般都应该在 1000 欧以上。

4) 话筒连接线。话筒本身输出的电信号非常弱，极易受到干扰和衰减。因此，线缆可以采用金属屏蔽线。高阻抗话筒由于其高频衰减比较严重，连接线长度一般不超过 5m。

5) 使用时要避免敲击或跌倒话筒，掌握正确的试音方法（即对着话筒说话）。

2．扩音器和扬声器

扩音器也叫功率放大器，俗称"功放"，作用就是把来自音源或前级放大器的弱信号放大，推动扬声器发声。它的信号源可以是话筒、录音机、CD 机或其他声音信号源。

扬声器俗称喇叭，是把电信号还原为声音信号的设备。扬声器常常与扩音器配套使用或直接配备在一些机器设备上，如录音机的机内扬声器。

3．扩音系统的应用

扩音系统可用于课堂教学、学术报告、各类会议、校园活动、校内有线广播等。

三、录放音系统

记录音频信号的技术分为两大类：即记录模拟音频和记录数字音频。随着计算机技术的飞速发展，目前教育教学领域普遍应用的是记录数字音频的磁性录音方法。

1．数字磁性录音原理

记录数字音频的磁性录音系统将起伏变化的音频信号转化成计算机中一连串用二进制编码的数字信号存储，放音时再将数字信号还原成声音信号。数字信号即使经过多次复制，声音信息也不会受到损失，保持原样不变。语音信号经数字压缩处理，可以转化成 WAV 或其他文件格式，方便进行存储、检索等管理。先进的数字技术，极大地扩展了录音机的应用范围和功能。

2．数字化录音技术

（1）使用 Windows 自带的录音机录音

1) 选择"开始"→"程序"→"附件"→"娱乐"→"录音机"，如下图 4-9，确保计算机连接了话筒和音箱；

图 4-9　Windows 自带的录音机界面

2) 单击录音按钮 　●　，对着话筒讲话，观察绿色的线是否产生变化；

3) 单击"停止录制"按钮，程序会自动弹出"另存为"的对话框提示保存；

4) （可选）如果暂时不保存，要继续录制音频，请单击"另存为"对话框中的"取消"，然后单击"继续录制"，如下图 4-10 所示。继续录制声音，然后单击"停止录制"。

图 4-10　Windows 自带的录音机录音中

5）　录制完成，单击"停止录制"，为录制的声音键入文件名，然后单击"保存"将录制的声音另存为音频文件。

（2）使用专门的声音处理软件（以 Cool Edit 为例）

1）　运行程序 Cool Edit，主界面如下图 4-11；

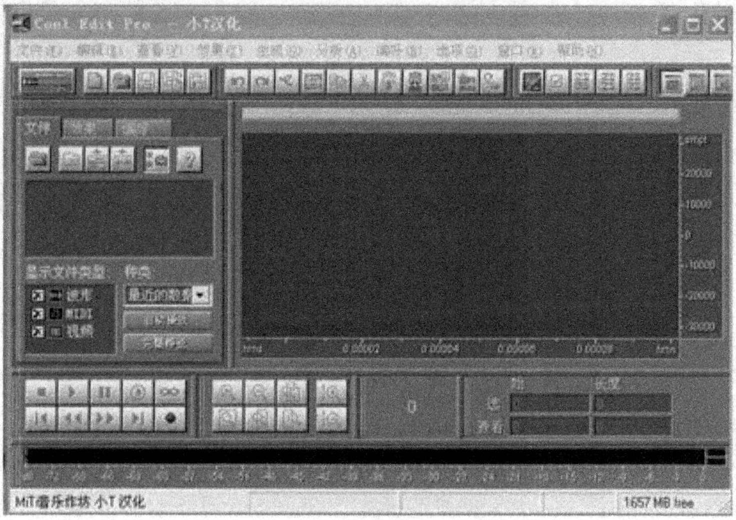

图 4-11　Cool Edit 主界面

2）　确保连接了话筒和音箱。单击菜单"文件"→"新建"，出现"新建波形"对话框，如图 4-12，选择适当的录音声道（Channels）、采样精度（Resolution）和采样频率（Sample Rate）。如果不知如何选择，可以分别使用 Stereo、16-bit、44100Hz，这是用于 CD 音质的设置；

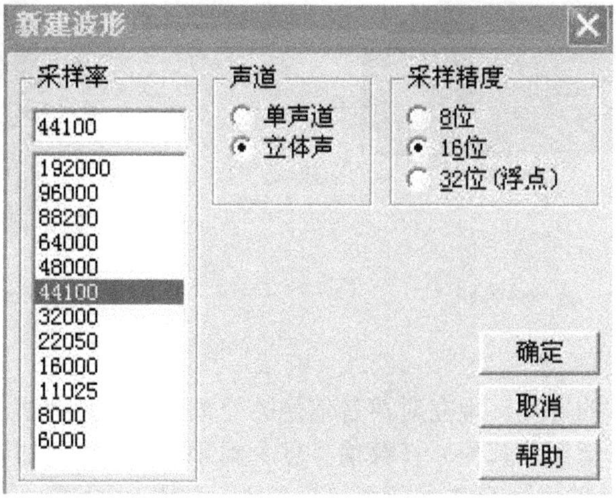

图 4-12　"新建波形"对话框

3）　对着话筒讲话，录制一段声音，录音完成后单击"停止"按钮 则停止录音。Cool edit pro 马上显示出这个文件的波形状态和软件主界面，如图 4-13 所示。整个主界面从上到下被分为 3 个大部分，最上面是菜单命令和快捷工具栏，中间是波形显示，下面是文件属性。我们的主要操作集中在占屏幕比例最大的波形显示区域内，如果是立体声文件则分为上下两个声道，可以分别或统一对它们进行操作。要播放它，点击 Play 按钮。（注意，如果波形图是一条直线（或波形不明显），放音时将没有声音或声音很小，那么，检查音源选择是否正确、录音电平是否设置得太低。）

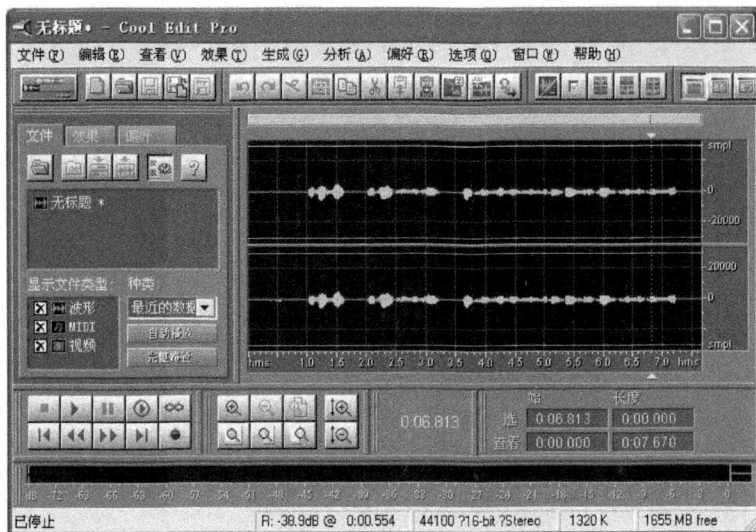

图 4-13　录音文件的波形状态显示

（3）使用数字化录音机或者录音笔，如图 4-14、图 4-15 所示

图 4-14　数字录音机

图 4-15　录音笔

3．数字音频信号的处理

随着数字存储技术的普及，现在对声音信号的处理可以在计算机上完成。通过计算机中的数字音频接口，将（话筒或其他）音频信号导入到计算机，录制成波形文件进行存储，再通过多轨录音软件按照需要进行基本剪辑（如复制、剪切、粘贴、删除等）和美化（如降噪、变调、混响等），组合成我们所需要的完整文件，最后再输出录制成 CD 或其他音频格式。常用到的设备有：计算机、声卡、话筒、耳机、音箱等。

数字音频处理技术的意义在于：在计算机上进行数字化音频处理就像我们编辑 Word 文档那样简单，可以进行拼接、删减、整合，实现了无损编辑；可以从数次录制的同一首歌曲中选出较好的，重新组合成一个新的音频文件，用于制作出成品音频。还可实现多轨录音。

四、听觉媒体的教学应用

1．特点

听觉媒体作为一种重要的信息传递媒介，为外语、语文等的语言教学提供了较为理想的教学媒体；是比较经济的教学媒体；不受时空限制，听觉信息（如录音带上的声音）的传播可以不受空间、时间限制；操作简单、使用方便，便于自制、容易剪辑，可以根据需要重复信息，任意搜索节目，无需专门培训；听觉媒体有固定的呈现信息的顺序，对学生运用想象能力和维持注意力的要求较高，难定合适步调。

2．教学方法

按使用目的的不同，听觉媒体学习可以分为以下几种形式：

示范法：教学的程序为：教师提示—播放录音—练习总结。

比较法：借助于录音手段，提供对比资料，区别异同，分辨正误，找出原因，加强练习，迅速反馈，及时进行自我分析、评价。

情境法：教学的程序为：默读课文—播放录音教材—教师讲解课文。

配画放音法：为克服听觉媒体在表现教学内容方面的局限性，在放音过程中，配合使用投影画面或其他视觉材料，把听觉与视觉感受结合起来。

3．录放音系统应用之"语言实验室"

（1）听音型（AP 型）语言实验室

AP 型语言实验室是属于比较简单的语言实验室，只有单向通话的功能，属于单纯供听力使用的语音设备系统，学生只能听音，而不能与教师对讲。

（2）听说型（AA 型）语言实验室

听说型（AA 型）语言实验室是在 AP 型语言实验室基础上改进的，语言实验室中装有双向通话系统，学生除了可以听音外，还可以与教师通话，教师可监听、监录学生的语言练习，但学生坐位上没有录音机，属于简易型语言实验室。

（3）听说对比型（AAC 型）语言实验室

听说对比型（AAC 型）语言实验室是在 AA 型语言实验室的基础上，在学生座位上加装双声道双轨录音机构成的。它是具有放音、师生对话和学生自录等多种功能的语言实验室。

AAC 型语言实验室在教师控制台上增加了学生分组功能，在学生的隔音座位上增设录音机。学生可以录下自己跟读或对话的内容，重复播放进行比较，有利于培养学生独立进行口语练习。

（4）视听型（AV 型）语言实验室

除了具有 AAC 语言实验室的功能外，还在语言实验室内增加了视频系统或图像投影系统。因此，它是兼有放音、录音、对讲、视觉图像播放等功能的视听语言室。可提供视觉形象，从而取得较为理想的教学效果。

4.1.3　投影仪

投影仪又称投影机，如图 4-16 所示，是一种可以将图像或视频投射到幕布上的设备，可以通过不同的接口同计算机、VCD、DVD、电子白板、DV 等相连接并播放相应的视频信号。投影仪广泛应用于家庭、办公室、学校和娱乐场所。根据工作方式不同，有 CRT、LCD、DLP 等不同类型。

图 4-16　液晶投影仪

一、结构

LCD（Liquid Crystal Display）液晶投影仪的工作原理是利用液晶的光电效应，即液晶分子的排列在电场作用下发生变化，影响其液晶单元的透光率或反射率，从而影响它的光学性质，产生具有不同灰度层次及颜色的图像。液晶是介于液体和固体之间的物质，本身不发光，工作性质受温度影响很大，其工作温度为-55℃～+77℃。由于 LCD 投影仪色彩还原较好、分辨率可达 SXGA 标准，体积小，重量轻，携带起来非常方便，所以是投影仪市场上的主流产品。按照液晶板的片数，LCD 投影仪分为三片机和单片机，目前使用以三片机为主。

DLP 数码光处理投影仪是以数字微镜装置 DMD 芯片作为成像器件，通过调节反射光实现投射图像的一种投影技术。它与液晶投影机有很大的不同，其成像是通过成千上万个微小的镜片反射光线来实现的。

二、投影仪的连接

投影仪作为一种将其他视频设备上的图像或视频投射到幕布上的设备，在使用以前要同其他输出设备先连接起来，投影仪接口面板如图 4-17 所示。

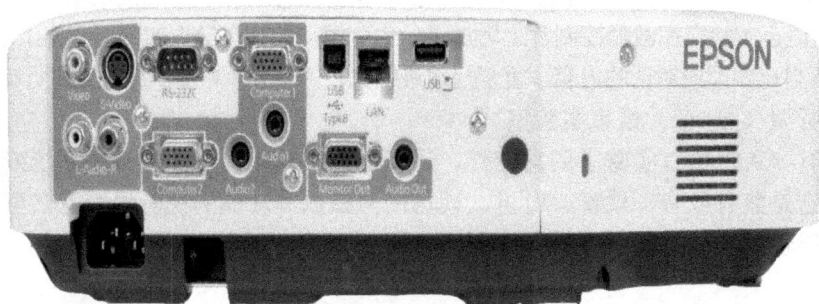

图 4-17　液晶投影仪接口面板

1）与 PC 机的连接。PC 机连接投影机时一般采用两种方式：使用双显卡或使用视频分配器。使用双显卡方式即一台 PC 机同时插两块显卡，一块显卡接显示器，另一块显卡接投影机，使用 VGA 连接线将 PC 机信号送入投影机的 Computer INPUT 接口；视频分配器的作用是将一路视频输入信号分成多路同样的视频信号输出，可以通过 VGA 连接线将 PC 机信号送入视频分配器，视频分配器的输出信号一路连接到计算机显示器，另一路连接到投影仪即可。

2）与笔记本的连接。用 VGA 数据线连接投影机和笔记本。投影仪要输出笔记本信号时要对投影仪的输入信号源进行切换。

3）与其他视频设备的连接。DVD、录像机、电视机等有视频接口的设备可以通过 S 端口（S-Video）或视、音频端口向投影仪输出模拟视频信号。

三、教学应用

LCD 投影仪技术很成熟，色彩绚烂，色度还原性好，稳定性很高，被广泛应用在教育、科研活动之中，掌握它的使用方法是十分必要的。

1）开机时，机器有个预热的过程，大概 10 秒钟。此时禁止反复按压启动键，频繁开机产生的冲击电流会影响灯泡的使用寿命。在开机时，操作指示灯一直是绿灯闪烁，这表明机器在正常启动状态。

2）投影仪使用时最好用原装的连接线，信号线的长度一般不超过 15 米，过长就会造成信号的衰减，必要时需要安装信号放大器。

3）投影仪进入工作状态后，温度迅速上升，灯泡的两端电压达 60—80 度，灯泡内气体压力大于 100 个大气压，温度过千，这时不能碰击、移动投影仪，否则灯泡易爆炸。

4）关闭投影仪时，要先等到散热风扇停止运行后再关闭电源。投影仪散热不及时易引发灯泡爆炸。

5）LCD 投影仪的一个不足就是对温度过于敏感。投影仪正常工作可超 4 个小时以上，为了确保安全，投影仪内部有两个温度检测保护装置。如果"温度提示灯"红灯闪烁，说明投影系统液晶板因温度过高进入保护状态；如果"主灯指示灯"红灯闪烁，说明灯泡因温度过高进入保护状态，这时都必须关闭投影机冷却 15～20 分钟才能继续使用。

6）投影仪正常显示时，如果暂时停止显示，不能随意关机，更不可用合上镜头盖的方式来关闭显示。这样很容易烧毁投影机内部的液晶屏。可以使用投影仪提供的"屏保"功能或关闭视频源来暂停显示。如利用投影机提供的"黑屏"功能，按遥控器上的"NO SHOW"键来暂停显示。

4.1.4　电子白板

交互式电子白板英文名 Interactive Whiteboard，是白板发展史上关键的一步，真正实现了白板与计算机、演示者与听众之间的双向互动，如图 4-18 所示。系统构成包括电子白板、无线电子笔和软件。电子白板按照工作原理的不同可以分为压感式、电磁感应式、红外式和光学式四种类型。

图 4-18　交互式电子白板一体机

一、主要性能参数

1）灵敏度：是指电子白板的感应敏感程度，主要采用画线的方法来测量。在白板上画一条线，如果线的连续性不强，就说明灵敏不高；

2）精确度：精确度是指经过校准后，鼠标光标尖和手写笔笔尖的重合程度；

3）分辨率：交互式白板的分辨率是指每一线上的点数（或者像素）数量。通常是沿着一个屏幕或监视器的水平和垂直边缘来表示点数。分辨率较大，则意味着用户可以能够精准而随意地找到一个点。

二、电子白板的功能

交互式电子白板使得互动式教学变得更加灵活，得益于其强大的功能，而这些功能主要通过结合电子白板软件实现，如图 4-19 所示，主要集中于以下几点。

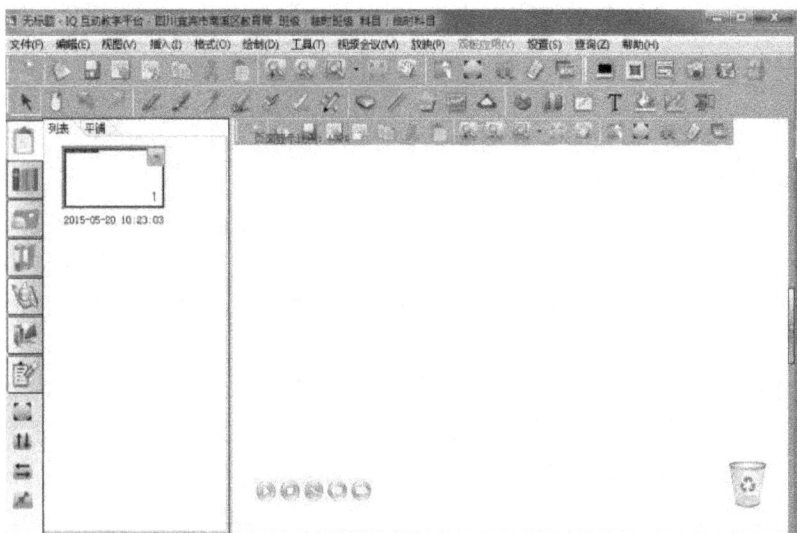

图 4-19　IQ 互动教学平台软件

1．基本的批注与绘画功能

1）　在任意电脑界面上实现屏幕标注。利用工具箱中的各种"笔"工具（笔形可以选择普通笔、排笔和毛笔等）可以进行手写标注，标注笔颜色可以任意设定，标注内容可以随时利用电子橡皮擦除，标注的内容可以随时保存和打印；

2）　在任意电脑界面上实现屏幕绘图。利用工具箱中的基本图形工具可以绘制基本的平面图形和立体图形，可以设置图形填充颜色和透明度；也可以直接利用"笔"工具进行绘制图形。

注：电子白板软件实现屏幕标注或绘图可以在电子白板软件界面下进行（通常叫做 Board 工作模式）或者 Windows 模式下进行（非白板软件界面中），进入 windows 工作模式的方法是单击白板软件界面下工具箱中的进入 Windows 工作模式按钮。

2．鼠标功能

电子笔笔尖相当于鼠标左键，笔身按钮相当于鼠标右键（或者电子笔点按白板超过 2 秒自动弹出右键）。利用电子笔实现鼠标单击、双击、选中、拖动、右键等功能。

3．交互式电子白板内容的恢复和更新功能

4．专业学科工具

专业教学工具（位于板体快捷工具条内）使得课堂教学方式更加多样化，例如量角器、圆规、直尺、三角板、公式编辑等教学工具的使用。

5．辅助工具

直接利用板体快捷工具条，实现屏幕内容放大、聚光灯、遮屏、查看快照、查看板书、屏幕校准，以及利用自定义功能，随时调用电脑的应用程序或者访问设定的网页。

6．有屏幕捕获、层技术、图形编辑功能

1)　电子白板软件可以实现屏幕捕获（静态的抓图与动态的录制屏幕过程）功能，可以借助工具条内抓图工具、照相机与摄像机等图标实现；

2)　软件的层技术可以轻松实现对象叠加时的显现效果；

3)　通过电子白板软件的快捷工具条能方便绘制几何图形、插入表格、编辑图表（饼状图、柱状图等）、绘制函数图像、操作几何画板等。

借助以上操作，可以把静态的图形变成动态，更生动直观。还可以对操作内容进行重播回放，提高传授水平和质量。

7．无限页书写功能

通过电子白板软件菜单栏"插入—空白页"，可以实现无限页书写；另外，我们还可以设置页面效果，将纸张设置为五线谱纸张、汉字书写田字格纸张、英文书写纸张效果等。

手写识别功能可以在操作系统的现有语言包选择识别语言，然后进行书写。

三、电子白板的教学应用

电子白板主要是配合投影机和计算机一起应用，再加上电子白板配套的应用程序（电子白板软件）来发挥作用的。整个互动交流平台与投影机和计算机有很大关系，利用不同功能的投影机或计算机功能，可以实现不同效果的互动交流方式：交互模式、标注模式、白板模式和管理模式。交互电子白板其实可以作为一种新型的特殊的计算机外设，利用 USB 线与计算机相连，通过计算机的其他外设，比如投影机、复印机、传真机等可以组建功能更加强大的交互式交流平台，用于教学演示、会议讨论、工作汇报、军事演练、远程教育、视频会议、远程医疗等领域的高端数字化视频应用。因为其表面良好的低反光投影效果，可以作为投影仪的幕布使用。电子白板将成为未来现代化教学、办公会议、远程教育及信息交流的主要手段。

1．系统连接

如图 4-20 所示，将 USB 线与白板相连，将 USB 的另一头接入所用电脑的某个 USB 接口；将投影仪安装好，用 VGA 线把电脑和投影仪连接好；在电脑键盘上将画面切换到投影，将电脑桌面画面打到白板上；调整投影机，使得画面能打到近似满屏。这样就可以将 PC 机、投影机和白板连接在一起。

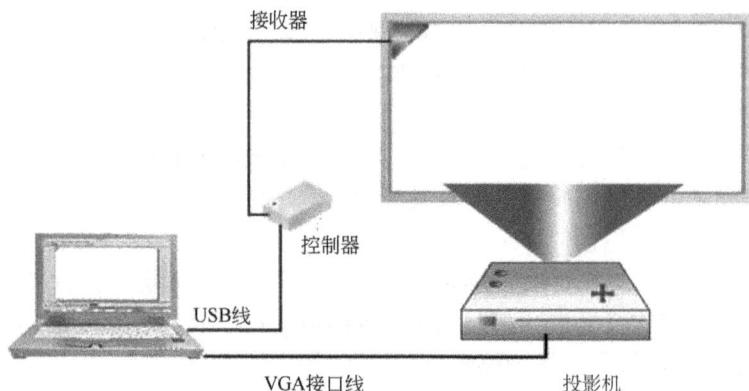

图 4-20 交互式电子白板使用系统图

2．安装相应的驱动程序

连接好系统结构后，在使用前通常需要在计算机上安装白板的驱动程序。

3．校验设备

主要目的是对系统参数进行设置、确认电子白板定位是否准确。为了有效地使用交互式电子白板，电子笔笔尖的位置需要与屏幕的光标一致。以下是校准步骤：

1）用电子笔的笔尖单击交互式白板校准快捷键；

2）用电子笔精确点击屏幕 4 个角落上依次出现的黑色"+"号的中间位置。

注意：在 4 次单击"+"号的过程中，任何一次单击不准确都有可能使校准不成功。请确保单击"+"号时笔尖对准十字的中间，重复步骤（2）即可。

4．启动电子白板应用程序

在桌面上双击电子白板软件图标即可进入程序主界面。根据使用需求可以选择进行 Office 标注工作方式或者是电子白板界面使用，可以轻松实现交互式电子白板的菜单功能、页面选择功能、页面书写功能以及对象设置功能等。

5．使用结束以后，要首先退出电子白板程序，再关闭投影仪和电脑， 2～3 分钟后，待投影机灯泡散热后关闭主控桌面上的电源按钮。

4.1.5 展示台

视频展示台（Visual Presenter）又叫实物展示台、实物演示仪、实物投影机、实物投影仪等，在国外市场还被称作文本摄像机(Document Camera)。从功能上可以给视频展示台下这样一个定义：视频展示台是通过 CCD 摄像机以光电转换技术为基础，将实物、文稿、图片、过程等信息转换为图像信号输出在投影机、监视器等显示设备上展示出来的一种演示设备。

一、结构

从外观上看，一台视频展示台基本的构成包括"摄像头"和"演示平台"两部分，摄像头通过臂杆与演示平台连接。视频展示台一般与多媒体投影机、大屏幕背投电视、普通电视机、液晶监视器、录像机、VCD、DVD 机、话筒等输出、输入设备配套使用。部分展台已经具备支持与计算机连接使用的功能，计算机通过视频捕捉卡连接展台，通过相关程序软件，可将视频展示台输出的视频信号输入计算机进行各种处理。如图 4-21 与 4-22 所示，具体构成包括以下几个组成部分：

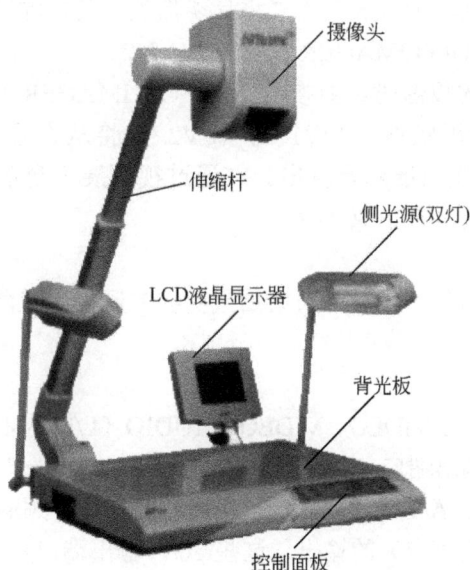

图 4-21 视频展示台结构

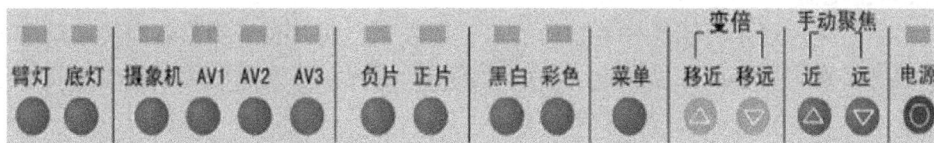

图 4-22 视频展示台控制面板

1．视频展示台的电源开关（POWEER(I/O)）

当将其打到 I 状态后，旁边的红色电源指示灯变亮，表明视频展示台正处在加电工作状态。如果打到 O 状态表示展示台被关掉，同时电源指示灯熄灭。

2．灯光处理转换开关（ARM LIGHT ON/OFF/BACK LIGHT ON）

灯光处理类型一般有三种状态，当该处的开关打到 ARM LIGHT ON 状态时，载物台上方的灯开始变亮，用以增加载物台上部的灯光；当该开关打到 BACK LIGHT ON 状态时，载物台底部的灯变亮，给展示台上的物体增加底部透视的效果，所以该状态主要用来展示透明的投影胶片等实物；当按钮打到 OFF 状态时表示上部与底部的灯光都被关掉，该状态主要针对展示台周围的灯光已经足够强，没有必要再添加灯光效果时使用。

3．图象处理的三个按钮

1）WHITE BALANCE。直译为"白色平衡"，这是展示台正常的使用状态，也是视频展示台的默认状态。

2）FRAME MEMORY。通过按"图像冻结"按钮实现。直译为"帧存储"，是视频展示台的一种静像功能，该功能仅对投影片或实物投影时有效，它可以对展示台上的实物进行"拍照"并记忆下来，即使这时将实物拿走，其图像仍然可以被放映出来。

3）NEGA。是将展示台上实物的影像进行反色处理（也可以称之为"反像功能"）。例如，本应该是白色的，经过展示台放映出来将呈现黑色，其他的颜色也将呈现相应的反色。

4．切换信号按钮（VIDEO IMAGER、A/V1、A/V2）

使用展示台进行实物的投影时，要按下 VIDEO IMAGER（直译为"视频图像"），这是视频展示台最常用的使用状态。A/V1 与 A/V2 是将从音频/视频输入端口（A/V1 或 A/V2）输入的信号进行切换由展示台输出。在通过视频展示台播放图像或影碟等音像节目时要将切换信号按钮切换到 A/V1 或 A/V2 处。

5．镜头部分

这是展示台最重要的部分，作用是采集拍摄实物的影像。有两类调节按钮分别实现变焦和聚焦操作。

6．输入输出端口

音频视频输入端口包括 S-VIDEO、VIDEO、AUDIO（L/R 左右声道），用来接插音像源的视频音频输出信号；A/V 输出端口 1 与上面提到的 A/V 输入端口在同一侧，包括 SYNC 及 RGB 格式的视频信号输出；A/V 输出端口 2 是通常的音频视频输出端口，包括 S-VIDEO、VIDEO、AUDIO（L/R 左右声道）的输出，这些 A/V 输出端口是用来向投影机或电视机以及音箱等设备输送信号的通道。与 A/V 输出端口 2 在同侧的还有一个 MIC（麦克风）话筒的输入端口，以及音量调节旋钮。（备注：AUDIO 即音频，VIDEO 即视频，简写为 A/V）

7．液晶监视器

该设备主要是为展示台的操作者设计的。使用展示台时，由于操作者需要了解在载物台上摆放的实物，在大屏幕或大型彩电上的放映效果，通过液晶显示器可以实时的将该信息展示给操作者，以便于操作者进行适当的调整。

从结构上可以分为单灯照明视频展示台、双侧灯式视频展示台、底板分离式视频展示台、便携式视频展示台等。单灯照明视频展示台是常见的一种照明方式，单灯照明不存在双灯照明的光干涉现象，光线均匀，便于被演示物体的最佳演示。不同展台单灯的位置不同，但不影响效果；双侧灯式视频展示台是最为常见的照明方式，设计良好的双侧灯可以灵活转动，覆盖展台上的全部位置，并实现对微小物体的充分照明；便携式视频展示台设计紧凑，体积小巧，携带方便，适合移动商务演示。

二、性能指标

1．摄像头所用 CCD 质量

CCD 是光电耦合器件的英文缩写，是将光信号转换成电信号的一种半导体电子元件，是摄像机、扫描仪、复印机等设备的核心。CCD 的大小和像素数的多少决定了视频展示台采用的摄像机输出的画质水平和质量，使用的 CCD 像素数越高，图像的清晰度就越高。

2．水平清晰度

水平清晰度和信噪比是衡量视频展示台清晰度的综合指标，也是视频展示台最重要的技术性能指标之一。水平清晰度是指视频展示台输出的标准 PAL 制图像信号在水平方向上应有多少条电视扫描线。

3．信噪比

信噪比（Signal/Noise Ratio 或 S/N Ratio）是表示在图像信号中无效的噪声信号或干扰信号的多少的指标，可简单理解为信号和噪音之比。信噪比越高，图像越稳定、越干净。

4．变焦倍数

通常用"变焦比"来表示展示台的光学放大能力。常用的词语为"放大倍数"，顾名思义也就是指局部图像细节能够不失真地放大到何种程度。

三、教学应用

实物展示台常用于教育教学培训、电视会议、讨论会等各种场合，可演示文件、幻灯片、演示课本、笔记、透明普通胶片、商品实物、零部件、三维物体、实验动作等，还可实现远距离摄像、现场书写等高级功能。

1．放映普通的（透明）投影胶片

首先将视频展示台的电源（POWEER（I/O））打开，将灯光处理转换开关置于BACK LIGHT ON 状态，这时底部灯光变亮。将切换信号按钮（VIDEO IMAGER / A/V1/A/V2）中的 VIDEO IMAGER 按钮按下，确保展示台输出信号是投影信息。然后把投影片放在载物台上，调整镜头使之对准投影片，用手指轻触镜头上的 IN 或 OUT 按钮适当调整投影片的放大倍数，使其在屏幕上处于最清楚的状态。如果打在屏幕上的图像没有放正，可以旋转投影片来进行适当调整。另外还可以转动镜头上的图像转向旋钮来调整图像的方向，这与旋转投影片是等效的。如果你打算使用反色放映来达到某种特殊的放映效果，你可以用手指轻按 NEGA 按钮，这时一幅反色的图像就出现在了屏幕上，当再次按一下 NEGA 按钮后图像又恢复到了原先的状态。操作者可以通过液晶显示屏观察放映的效果。

2．实物投影

通常，在展示台上展示的实物可以为图片、文字资料、简单模型或教具等，其基本的放映方法与上面的透明胶片的放映方法是大致相同的，只不过灯光处理转换开关最好置于ARM LIGHT ON 状态，并将展示台上方的（ARM LIGHT）灯管进行适当的旋转，调整到最佳角度，以增加实物的光线，增强放映图像的清晰度。

3．实验演示

首先根据该演示操作的活动空间，调整镜头臂的倾斜角度，适当转动镜头以及调整镜头顶部的图像转向旋钮，使展示台处于最佳的放映状态。展示台的其他按钮设置与上面相同，在这里不再赘述。值得提到的一点是，在实验演示的操作过程中，某些重要的现象或结果，我们可以用手指轻按用于图像处理的 FRAME MEMORY（利用它的静像功能）按钮来进行"拍照"，使该现象或结果可以长时间地停留在屏幕上，只要再次按下该钮，静像功能即被取消，视频展示台又可以继续正常使用了。

4．播放音像信息

在某些时候我们需要用展示台来放映录像或影碟等音像节目。事先要把来自录像机的输出信号输入到视频展示台的某一 A/V 输入端口，需要信号切换的时候，根据音像信号的输入位置将相应的切换信号按钮 A/V1 或 A/V2 按下。这样展示台输出的信号便被切换为相应的音像信号。放映的结果可以在液晶显示屏上放映出来，给操作者提供参考。

4.1.6 电子屏

电子屏是由若干个可组合拼接的显示单元（单元显示板或单元显示箱体）构成屏体，再加上一套适当的控制器（主控板或控制系统）所组成的一个信息显示系统。作为一种功耗低、大型实时动态展示信息的工具，主要用于实时显示视频图像，如图 4-23 所示。电子屏可以播放开路电视、闭路电视及卫星电视；实时播放摄录一体机的视频信息，实现现场直播；实时播放 LD 影碟、录像机、VCD 机、DVD 机视频信息；利用一些必要的辅助设备，可在视频画面上叠加文字信息，实现全景、特写、慢镜头等各种特技效果。电子屏技术被广泛用于证券、银行、医院、学校、交通运输、邮政电信、财政、税务、公安、法院、文艺团体、城市广场、智能化小区、气象等领域。

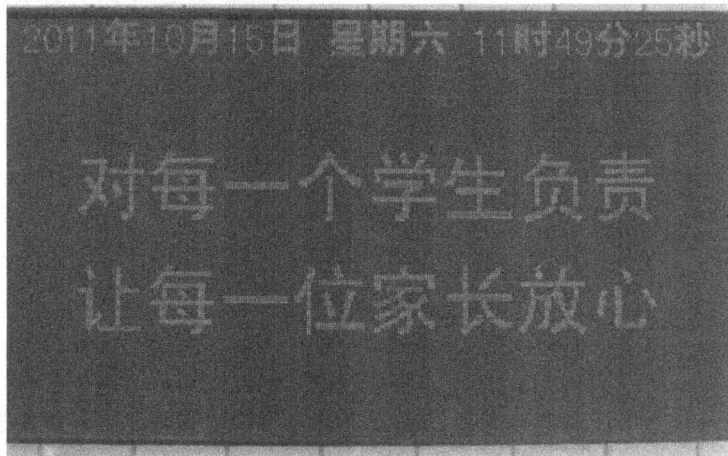

图 4-23　电子屏

一、系统构成

电子屏系统构成主要包括：控制计算机、视频信号处理与控制、通信传输与控制、显示屏、显示播放软件等部件。

1．控制计算机

控制计算机主要是控制电子显示屏的显示效果。屏幕上的像素和控制计算机显示器相应区域的像素点进行一一对应，直接映射。根据电子显示屏显示效果，控制计算机可以手动或自动调节显示屏的亮度、对比度、色度等，选择适合当前环境的灰度校正数据，把调整好的显示信息通过通信控制系统，传送到视频信号处理器和控制单元进行视频信息处理，然后再显示到电子大屏幕上，产生一个电子屏幕的显示效果。

2．视频信号处理控制器

视频信号处理控制器为一套专用于电子屏上的多媒体视频卡，作用是显示数据的图像处理，它包括：灰度调节、亮度调节、图像降噪、运动补偿、色度调节功能、马赛克消除等。

视频信号处理控制器可将已处理的显示信息传至通信模块以便长距离传送到显示屏。因此，多媒体视频卡对显示效果具有决定性作用。

3．通信系统

通信系统通过超五类双绞线连接控制计算机和显示屏，它有效地保证将计算机显示器的内容传输到电子屏。

4．显示屏 LED

电子显示屏是一个由电路板组成的大型电子信息显示系统，它支持多种播放信息。

（1）视频播出信号

通过多媒体视频控制技术和 VGA 同步技术，可以方便地将多种形式的视频信息源引入多媒体电子显示屏系统。这些视频信号通过控制计算机都可以传送到 LED 显示屏上。

（2）数字播出信号

以控制计算机（或网络工作站）为处理控制中心，多媒体电子显示屏与终端显示器（VGA）窗口某一区域逐点对应,显示内容实时同步，屏幕映射位置可调，并可方便随意地选择显示画面的大小。

点阵采用超高亮度 LED 发光管（红、绿双基色），256 级灰度，颜色变化组合 65536 种，色彩丰富逼真，并支持 VGA24 位真彩色显示模式。

配备图文信息及三维动画播放软件，可播放高质量的图文信息及三维动画。播放软件显示信息的方式有十多种形式供选择。

使用专用节目编辑播放软件，可通过键盘、鼠标、扫描仪等不同的输入手段编辑、增加、删除和修改文字、图形、图像等信息。编排存于控制主机或服务器硬盘，节目播放顺序与时间可以预设，实现一体化交替播放，并可相互叠加。

5．显示播放软件

LED 电子显示屏的显示播放系统可以运行在 Windows 各个版本的操作系统下，为了保证安全，建议配备防病毒软件。

LED 显示系统应用软件是根据 LED 显示系统的特殊需求而设计的。该软件主要完成如下功能：显示数据的加工与处理；与其他网络接口连接，从中提取数据；产生各种显示效果并控制显示效果的输出，提供人工操作界面；提供多种消息的编辑、排版和剪接等；提供播放节目和播放内容的编排功能；提供对大屏幕显示系统数据库管理与维护的功能；提供对整个系统运行的监视和控制功能。通过这些部件的有机组合，建成一个完整的室内 LED 电子显示屏系统。

二、性能指标

1．密度 density（点数）

是指单位面积上像素点的数量（单位：点/m2）。点数同点间距存在一定计算关系。计算公式是：密度＝（1000÷像素中心距）。LED 显示屏的密度越高，图像越清晰，最佳观看距离范围越小。

2．亮度及可视角度

单位：cd/m2。在同等点密度下，电子显示屏的亮度取决于所采用的 LED 晶片的材质、封装形式和尺寸大小，晶片越大，亮度越高；反之，亮度越低。亮度太低或太高都会导致看不清所显示的图像。可视角度的大小直接决定显示屏受众的多少，主要由管芯的封装方式来决定。LED 显示屏的视角越大，其受众群体越多，覆盖面积越广，反之越小。故而角度越大越好。

3．平整度

LED 显示屏的表面平整度要在 ±1mm 以内，以保证显示图像不发生扭曲，局部凸起或凹进都会导致显示屏的可视角度出现死角。平整度的优劣主要由生产工艺决定。

4．白平衡效果

白平衡效果是显示屏最重要的指标之一，色彩学上当红绿蓝三基色的比例为1∶4.6∶0.16时才会显示出纯正的白色，如果实际比例有一点偏差则会出现白平衡的偏差，一般要注意白色是否有偏蓝色、偏黄绿色现象。白平衡的好坏主要取决于显示屏的控制系统，管芯对色彩的还原性也有影响。

5．显示屏的灰度和亮度

LED 显示屏灰度也就是所谓的色阶或灰阶，是指亮度的明暗程度。对于数字化的显示技术而言，灰度是显示色彩数的决定因素。一般而言灰度越高，显示的色彩越丰富，画面也越细腻，更易表现丰富的细节。

6．亮度鉴别等级

亮度鉴别等级是指人眼能够分辨的图像从最黑到最白之间的亮度等级。显示屏的灰度等级可以达到 256 级甚至 1024 级，但是由于人眼对亮度的敏感性有限，并不能完全识别这些灰度等级。对于显示屏，人眼识别的等级自然是越多越好，人眼能分辨的亮度等级越多，意味着显示屏的色彩空间越大，显示丰富色彩的潜力也就越大。

三、电子屏常见安装方式

（1）悬挂式：多适用于车站、机场等大型场所，起到指示标牌作用。要求屏体面积较小（10 平方米以下）。要求必须要有合适安装的地点，如上方有横梁或过梁处，且屏体一般情况下要加后盖。如图 4-24①所示。

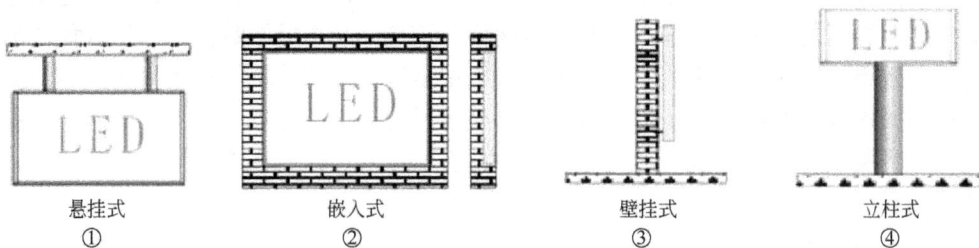

图 4-24　电子屏安装方式

（2）嵌入式：适用于面积较小的室内屏。由于安装空间较小，为了不占用空间，根据屏体面积大小在墙体上挖出同样大小的面积，把显示屏嵌入墙体中。要求墙体为实心墙体。采用前维护的方式，成本较高。如图 4-24②所示。

（3）壁挂式：多适用于室内屏的安装，面积较小（10 平方米以下），墙体要求是实墙体，空心砖或简易隔挡墙均不适合此安装方式。如图 4-24③所示。

（4）立柱式：多用于户外广告屏的安装，要求视野开阔、周围比较空旷，如广场、停车场等。根据屏体面积的大小又可以分为支撑式和立柱式的安装。如图 4-24④所示。

四、电子屏使用方法

1）打开电子屏开关，启动设备；

2）双击控制计算机桌面上的电子屏播放软件图标（以 EQ 一卡通为例）启动程序，进入程序界面，如图 4-25 所示，同时打开的还有显示屏效果；

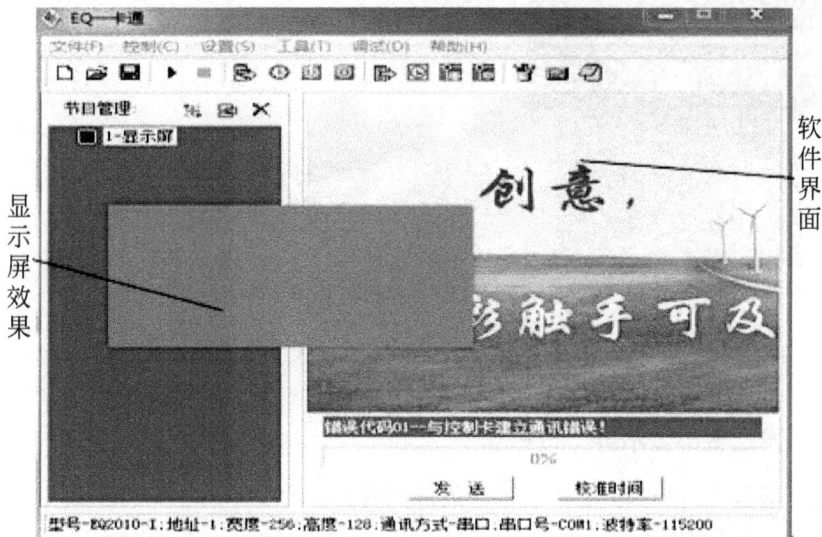

图 4-25　电子屏播放软件界面

3）播放软件中设置的节目。

① 单击"新建节目页"按钮 ⁕；

② 单击"新建节目窗"按钮☷，选择"单行文本"；

③ 左上角显示屏，右击，大小选项中选择"全屏"；

④ 在文字窗口按要求填写欢迎语句；

⑤ 其他参数设置如下：

特技：选"下移"；

停留：填写"40" 0.1 秒，50ms；

字体颜色为：红色；

背景颜色选择黑色；

字体加粗；

字体大小调整在显示屏范围内；

4）按照步骤 3）重复进行，再添加一个节目，界面效果如图 4-26 所示；

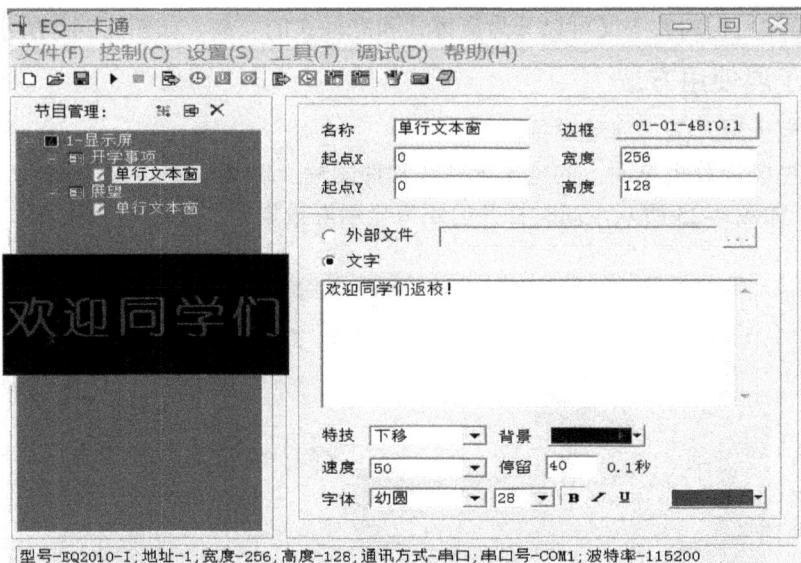

图 4-26　电子屏播放软件设置

5）点击"发送全部显示屏"按钮 ；

6）点击"播放"，则可以在显示屏上预览到效果；

7）结束时，关闭 LED 电子屏开关。

五、电子屏的日常保养

1）正确启动与关闭电子屏

正确的启动顺序是先开机，后开屏，关闭时应该先关屏，后关机。（先关计算机不关显示屏，会造成屏体出现高亮点，烧毁灯管。）

开关 LED 显示屏间隔时间一般要求大于 5 分钟。计算机进入工程控制软件后，方可开屏通电。

2）避免线路状态不良情况下启动电子屏，因为此时冲击电流太大容易损伤屏体。例如计算机没有进入控制软件等程序、计算机未通电、控制部分电源未打开时。

3）环境温度过高或散热条件不好时，应注意不要长时间开屏；屏体出现部分区域亮度特别大时应及时关闭，不适宜长时间开启。

4）定期检查挂接处的牢固情况，避免虫咬屏体，必要时应放置防鼠药。

5）定期清洁电子屏。定期清洁可以防止 LED 显示屏在使用过程中出现不清晰现象、马赛克现象和黑屏时偏色现象，也可以去除灰尘等影响显示的杂物。

4.1.7　打印机

打印机（Printer）是计算机的输出设备之一，用于接收主机传送的信息，并根据主机的要求将计算机处理结果以人所能识别的数字、字母、符号和图形等形式印在纸上的设备。按工作方式分为针式打印机、喷墨式打印机、激光式打印机等；按打印元件对纸是否有击打动作，分击打式打印机与非击打式打印机；按打印字符结构，分全形字打印机和点阵字符打印机；按一行字在纸上形成的方式，分串式打印机与行式打印机。不同类型的打印机工作原理与结构也不同。

一、结构

以激光打印机为例，结构如图 4-27 所示。

激光打印机是由激光器、声光调制器、高频驱动、扫描器、同步器及光偏转器等组成的，其作用是把接口电路送来的二进制点阵信息调制在激光束上，之后扫描到感光体上。感光体与照相机构组成电子照相转印系统，把射到感光鼓上的图文映像转印到打印纸上，工作过程有七个阶段：充电、曝光、显影、转印、消电、清洁、定影。

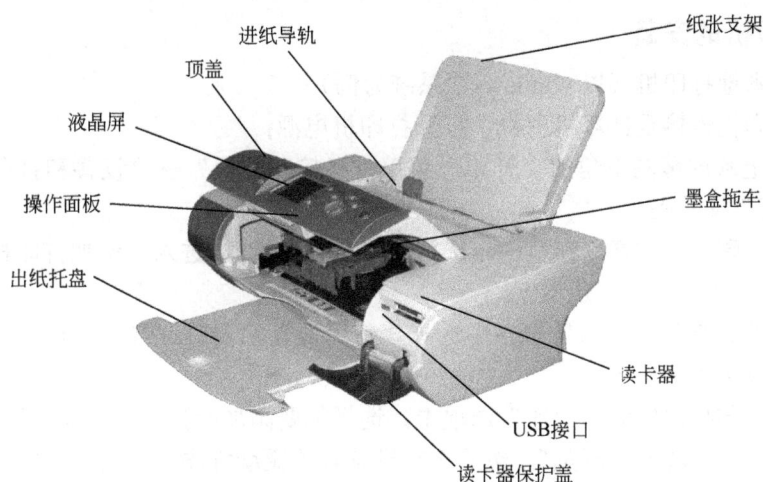

图 4-27　激光打印机结构

1）顶盖：打开顶盖可以安装或更换墨盒。

2）液晶屏：显示信息，浏览存储卡中的照片。

3）操作面板：控制设备或对照片进行编辑、打印存储卡中的照片。

4）出纸托盘：盛放打印出的打印介质。

5）进纸导轨：可左右调节，卡在纸张左侧，确保纸张能顺利进入打印机。

6）纸张支架：支撑装入打印机内的打印介质。

7）墨盒拖车：装载墨盒。

8）读卡器：插入存储卡。

9）USB 接口：连接数码相机。

10）读卡器保护盖。

二、性能指标

衡量打印机性能优劣的指标有三项：打印机分辨率、打印速度和打印幅面。

（1）分辨率

分辨率是衡量打印机质量的一项重要技术指标，计算单位是 DPI（Dot Per lnch），其含义是指每英寸内打印的点数。打印机分辨率一般指最大分辨率，分辨率越大，打印质量越好。例如一台打印机的分辨率是 600DPI，这就意味着其打印输出每英寸打 600 个点。DPI 值越高，打印输出的效果越精细，越逼真。

（2）打印速度

打印机的打印速度是以每分钟打印多少页纸（PPM）来衡量的。打印速度在打印图像和文字时是有区别的，而且还和打印时的分辨率有关，分辨率越高，打印速度就越慢。

（3）打印幅面

打印幅面是衡量打印机输出文图页面大小的指标。一般家用和办公用的打印机，多选择 A4 幅面的打印机，它基本上可以满足绝大部分的使用要求。

三、打印机的安装

（1）安装本地打印机（以 windows 7 系统为例）

1）将打印机连接至计算机主机，打开打印机电源；

2）点击电脑屏幕左下角的"开始"菜单→"控制面板"→"设备和打印机"，会打开"打印机和传真"文件夹；

3）在"打印机和传真"窗口中，选择"添加打印机"，进入"添加打印机"，选择"添加本地打印机"，点击"下一步"；

4）在"选择打印机端口"选项中选择"使用现有的端口"，在右边的下拉列表中选择打印机端口，点击"下一步"；

5）在"安装打印机驱动程序"选项中，选择你要添加的打印机厂商和匹配的打印机型号，"从磁盘安装"，选择"浏览"，然后选择准备好的驱动程序，点击"确定"，驱动程序开始安装；

6）在接下来的设置中，可以根据自己的需要选择是否将打印机设置成为默认打印机（一般选择"是"）、选择"不共享这台打印机"，点击"下一步"；

7）根据自己的需要选择是否"要打印测试页"，点击"下一步"，将会出现"正在完成添加打印机向导"的提示界面。此时，选择"完成"，本地打印机添加成功。

（2）共享打印机

在局域网环境下，通过设置打印机共享，可以保证不同的电脑同时使用同一台打印机进行打印工作。

1）首先将打印机连接到局域网环境下的 A 电脑上，并安装好驱动，确认打印机可以正常打印；

2）在直接连接了打印机的 A 电脑上打开"打印机和传真"窗口，右键点击要设置共享的打印机图标，选择"打印机属性"，在打开的窗口中选择"共享"选项卡，如下图 4-28 所示，选中"共享这台打印机"，设置共享名，点击"确定"；

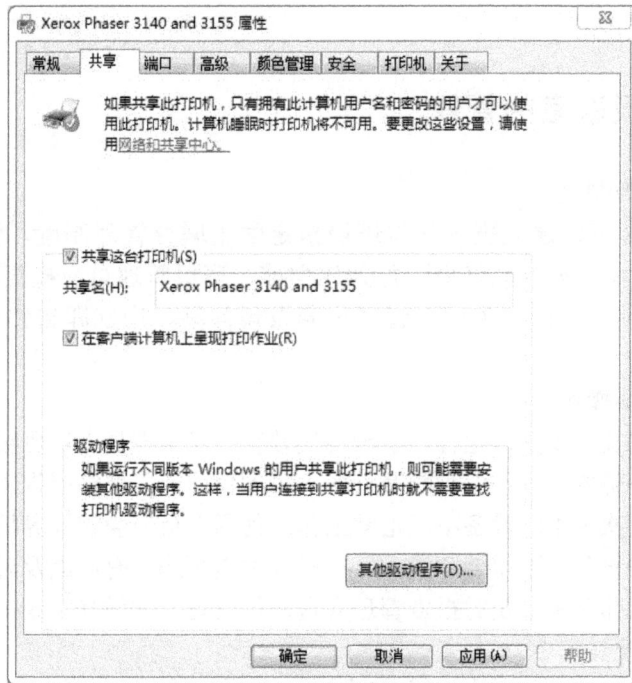

图 4-28 打印机属性面板

以上操作我们把 A 电脑设置为了主打印机，并且允许局域网环境下的其他电脑可以共享这台打印机，接下来我们设置局域网环境下的其他电脑共享打印机。

3） 将要共享的打印机连接至 B 电脑主机，打开打印机电源，通过主机的"控制面板"进入到"打印机和传真"文件夹，在空白处单击鼠标右键，选择"添加打印机"命令，打开添加打印机向导窗口。选择"连接到此计算机的本地打印机"，并勾选"自动检测并安装即插即用的打印机"复选框。

4） 此时主机将会进行新打印机的检测，很快便会发现已经连接好的打印机，根据提示将打印机附带的驱动程序光盘放入光驱中，安装好打印机的驱动程序后，在"打印机和传真"文件夹内便会出现该打印机的图标了。

5） 在新安装的打印机图标上单击鼠标右键，选择"共享"命令，打开打印机的属性对话框，切换至"共享"选项卡，选择"共享这台打印机"，并在"共享名"输入框中填入需要共享的名称，单击"确定"按钮即可完成共享的设定。

4.2 电子白板教室的管理与维护

电子白板教室一般是指配备了电子白板的多媒体教室。系统构成包括了中央控制系统、投影仪、多媒体计算机、电子白板、实物展示台、音箱、话筒、机柜等部分。

在电子白板教室里可以开展电子白板多媒体教学，它以图文并茂、声像俱佳、动静皆宜、强大的交互性等表现形式，将课堂教学引入全新的境界。为了提高电子白板教学环境的完好率、利用率，切实有效地为教育教学服务，充分发挥现代化教育资源的优势，我们有必要做好管理与维护工作。

4.2.1 电子白板教室的管理

1．实施专人管理制度

明确专人管理（可以建立班主任与班级指定学生联合管理制度，强化学生爱护本班设备的教育），定期检查设备完好率。每天放学前，班级管理员应检查本室设备，确保设备电源关闭，柜门锁好、门窗关闭。管理员若发现问题，应立即告知现代教育技术管理员进行维护。

2．规范使用人员操作

规范操作，以保证设备正常运行。学校现代教育技术管理员应对班级管理员和全体教师进行培训，使其能正确熟练操作各种配套设备，每次使用前要严格照程序开关设备，不得随意改变线路，以免下次使用时设备不能正常工作。使用人员应爱护计算机及相关设备，严禁击打，不得频繁开关设备。不得随意拔插、拆卸各种电源线，有问题及时向管理人员反映。设备发生故障，应立即停机，及时报告管理人员进行处理，并做好记录，形成上报机制。

3．建立使用情况登记表

在使用设备时由使用人员据实填写《"电子白板教室"使用情况登记表》，以便于定期检查和维护电子白板教室环境。

4．定期维护和更新

现代教育技术管理人员应定期检查设备和线路的完好情况，发现问题立即按程序汇报、处理。在寒暑假期间要定期开机通电，以确保机器的正常使用。

对设备的维修和添置，要严格执行呈报制度，要将故障记录和处理情况及时向学校领导和上级部门报告，落实设备的维修工作。

5．保证使用环境安全

严禁使用来历不明或无法确定其是否含有有害信息的程序或数据。凡读取光盘、U 盘、便携硬盘等存储介质或经网络传送的程序或数据时，须事先经过检测确认无有害信息后方可使用。

6．设立奖惩制度，责罚分明

出现有意损坏的情况，应追究当事人责任，根据情况责令照价赔偿。

7．其他注意事项

确保用电安全，保持教室卫生，避免扬尘，保持室内通风良好，做好防盗、防火、防潮工作。

4.2.2 电子白板教室的维护

电子白板教室中涉及的教学媒体众多，日常维护我们在前面已经详细介绍了，此处我们主要针对使用中存在的故障及其应对方法进行介绍。

一、供电系统故障和维护

故障：切换中控到整个多媒体设备中的任何一个都显示为无电信号。

多媒体教室使用的设备较多，各种设备都需要供电，频繁拔插容易造成线路接触不良、电源短路、总开关跳闸和烧毁现象。在安装时，各种设备的电源插座应尽量集中固定，以方便维护。

1）检查电源插板开关是否开启，如开启后无电则检查第 2 步；

2）插座是否插上或连接好，若连接好后无电则检查第 3 步；

3）检查总开关是否跳闸，若跳闸则将总闸开启。

二、电脑方面故障和维护

电脑是多媒体教学活动中最常用也是最容易出故障的设备。最常见的问题就是系统崩溃、软件不能正常运行、系统被病毒感染、无声音等，所以平时应注意对杀毒软件的病毒库进行升级，同时做好系统的备份工作，还可以安装还原系统程序对系统进行开机还原，防止对系统的修改和病毒的侵害。对于电脑软故障一般情况下较容易解决，但是如果出现一些硬件故障，就需要维护人员认真分析原因并寻找解决方法。

三、电子白板故障和维护

（一）电子白板的日常维护

1）一定要避免用锐利的器物（如刀子等锋利的东西）接触板面，以免毁坏和划破板面。

2）通常情况下不要让书写物长时间留在板面上，这样字迹不容易清除干净。不能使用油性彩笔在电子白板上书写。

3）一周左右清洁一次，这样能保持最佳的清晰度。清洁可以使用标准的玻璃清洁剂，或白板专用清洁剂。只需将清洁剂喷到面板上，用纸巾擦拭即可。切勿用其他清洁剂。

4）针对不易清除的标记，先用干拭除式标记笔的墨水完全覆盖它们，然后用软布拭除。干拭除式墨水含有可溶解永久性墨水的溶剂。如果原来的永久性墨水仍留有痕迹，向此区域喷上标准的玻璃清洁剂或是白板清洁剂，然后擦拭干净。用户在清洁之前最好查看与白板设备配备的说明书进行操作。

5）在对电子白板面板进行清洁之前，交互式电子白板首先应退出系统。因为当计算机处于其他状态（比如，某程序打开或是在桌面上）时触摸屏幕，对屏幕施压会激活程序或弄乱图标。因此，最好先退出系统，然后将投影仪转入待机模式，这样能更容易显示出污渍与条纹。

（二）电子白板常见故障及处理

1. 电子白板无法启动

请检查外接电源有没有工作，如果已工作，检查电子白板本身电源键有没有开启。

2. 电子白板不能显示出计算机信号

请检查投影仪有没有正常工作，如果已经正常工作，请进一步检查投影仪的输出信号是否已切换为计算机，如果没有请通过中控系统（或者投影仪遥控器）调整。

3. 电子白板定位不准确

电子白板系统连接完成后初次使用以前，要先进行校准以保证笔尖和屏幕上箭头指针在同一位置。如果使用中发现定位不准确，我们也可以重新进行校准。方法如下：

选择任务栏托盘右下角中的电子白板图标，然后选择"定位"，用电子笔按白板提示点击校验按钮即可。

4．电子白板不工作

1）检查 USB 接口连接是否可靠；

2）检查 USB 端口或者 COM 端口是否被占用；

3）电子白板软件是否运行正确；

4）是否正确安装了电子白板的驱动程序；

5）检查服务程序是否正常运行。

5．电子白板定位时有些定位点看不到

投影机水平调节或者垂直调节不正确，导致有部分图像超出投影区域。出现此问题需要调整投影仪的设置。

6．电子白板笔写不出字

请确认当前使用的工具为书写工具。

7．电磁笔书写不流畅

1）电磁笔电池电量是否充足；

2）操作书写时不要按压右键；

3）因定位原理，电磁笔书写时要给笔一定的压力。

8．用了不可擦除的油性笔在电子白板上书写

不能使用油性笔在电子白板上书写，万一出现这种情况应及时采用酒精擦除，但板面上会留有笔迹痕迹。

9．如何清洁电子白板的板面

使用少量的清洁水加软布擦洗板面即可，但不能让水从底框渗入板内。

10．电子白板无驱动信号

1）重新拔插电子白板的 USB 插口或更换插口，检查线路是否太长或中间有连接，且线与线之间的连接是否断开或连接好。检查 USB 驱动是否安装，若没安装就将其安装好。

2）电子白板的驱动程序是否安装好或与电子白板的版本是否一致。

3）操作系统是否相符（有些电子白板需要不同的系统支持）。

11．经常查找驱动

出现这种情况是因为 USB 接口松动、线路太长，导致信号太弱，需要重新拔插接口或缩短 USB 线路。

四、实物展台方面故障和维护

（一）日常维护

1）展示台对环境的要求。我们知道大量的粉尘和潮湿的环境对一些精细的电子线路危害是相当大的，所以展示台不要长期暴露在粉尘较多的地方。在展示台使用完毕后，最好用干净的桌布将其盖严实。注意展示台周围环境一定要保持干燥清洁，而且周围的环境温度不宜过高或过低。

2）镜头的维护。由于长期使用后镜头的玻璃透镜部分会沾染不少的灰尘，影响投影的放映效果，所以我们应该定期地清洁镜头。当镜头沾染灰尘后，往往有些老师不自觉地便用手或抹布去擦拭，这样做的后果是相当危险的，很容易将镜头的玻璃透镜擦坏。我们应该用气囊将透镜上的灰尘吹去或者使用干净的镜头纸、脱脂棉等来轻轻地擦拭。另外，在使用完

毕后，应该及时将镜头盖盖紧。

3）载物台的维护。在使用过程中应该尽量避免直接用笔在载物台上书写，这样主要是防止用笔不当造成载物台台面的划坏。当需要直接在载物台上书写文字时，最好在载物台上铺一张干净的白纸，然后在白纸上书写。当载物台的台面沾满粉尘和不洁物时，（建议）请不要用普通的抹布来擦拭，如果有可能的话尽量用擦镜纸或脱脂棉等轻柔物质来轻轻擦拭，对于一些比较顽固的污迹，可以用绘图橡皮擦拭，或者将手洗干净直接用手擦拭。

4）严禁频繁开启关闭展示台的电源。任何电子设备都怕频繁的启动和关闭，视频展示台也不例外。一些老师们在使用时为了不让屏幕上出现信息，经常把展示台的电源关掉，时隔不久继续使用时，又将展示台的电源打开（如同普通教学投影机一样地使用），这样频繁地开关电源对视频展示台是相当不利的，会在很大程度上降低展示台的使用寿命。我们应该知道开关电源时往往是对电子设备冲击最大的时候，例如：如果我们频繁地打开关闭一盏灯，很快该灯便会被烧毁。所以在使用时，切记不要频繁开关电源。如果有些老师不希望展示台上的信息一直停留在屏幕上，而稍后还要继续使用展示台，这时可以选择没有信息输入的输入端口，并将其对应的切换按钮按下（例如切换信号 A/V1 或 A/V2 按钮），这时屏幕上就不会再出现展示台上的信息，如果继续使用展示台，再切换回来即可。

（二）常见故障及处理

1．展台打开电源后，无法把信号传递到投影仪上

检查中控面板上"展台"指示灯有没有亮起，如果没有，请点按一下直至亮起；如果已经亮起，请检查展台后端的输出端口连接线是否有松动，重新插紧。

2．屏幕上不显现图像

首先检查视频展示台摄像头镜头盖是否取下，然后检查投影机信号源选择是否切换到展台信号状态。

3．投影画面色彩失真

调整展示台对比度或色彩饱和度。

4．投影画面效果忽明忽暗或画面模糊，雪花噪点很多

改善照明环境，增加辅助照明灯。

5．固定的阴影暗斑

着重检查镜头是否有污渍沾染。

五、投影仪方面故障和维护

投影机是多媒体设备展示给学生观看的窗口，无论是计算机、展台中的内容，都需要经过投影机进行展示，投影机的好坏和能否正常运行直接关系到多媒体设备的正常使用和教学的正常进行。

（一）液晶投影器的日常维护

液晶投影器是一种精密电子产品，它集机械、液晶（或 DMD）、电子电路技术于一体，因此在使用中要从以下几个方面加以注意：

1）机械方面严防强烈的冲撞、挤压和震动。因为强震能造成液晶片的位移，影响放映时三片 LCD 的汇聚，出现 RGB 颜色不重合的现象，而光学系统中的透镜，反射镜也会产生变形或损坏，影响图像投影效果，而变焦镜头在冲击下会使轨道损坏，造成镜头卡死，甚

至镜头破裂无法使用。

2）光学系统注意使用环境的防尘和通风散热。由于投影机一般都有专门的风扇对其进行送风冷却，而高速气流经过过滤尘网后还有可能夹带微小尘粒，它们相互摩擦产生静电而吸附于成像光学系统中，这将对投影画面产生影响。因此，在投影机使用环境中防尘非常重要，一般来说，分为清洁镜头、清洁过滤网和光路除尘三个方面，这都需要专业技术人员来操作。

3）在开机状态下严禁震动、搬移投影机，防止灯泡炸裂，因为目前大部分投影机都使用金属卤素灯（Metal Halide)，在点亮状态时，灯泡两端电压在 60-80V 左右，灯泡内气体压力大于 10kg/cm，温度则有上千度，灯丝处于半熔状态，稍微的震荡就很容易导致灯泡爆裂；停止使用后不能马上断开电源，要让机器散热完成后自动停机，在机器散热状态断电造成的损坏是投影机最常见的返修原因之一。另外，减少开关机次数对灯泡寿命有益。

4）电路部分严禁带电插拔电缆，信号源与投影机电源最好同时接地。这是由于当投影机与信号源（如 PC 机）连接的是不同电源时，两零线之间可能存在较高的电位差。当用户带电插拔信号线或其他电路时，会在插头插座之间发生打火现象，损坏信号输入电路，由此造成严重后果。

5）避免长时间使用。和其他的电子设备一样，投影机也有着使用寿命，作为投影机的主要耗材，灯泡的价格普遍在两到三千元，因此，有效延长灯泡寿命，可以降低用户的使用成本，对于需要经常使用的教育应用来说，这一点尤其重要。教师每次上课前应先打开电脑、话筒等设备，把准备工作完成后再开投影机，而下课后应首先关闭投影机。投影机不能总是开着，对于 DLP 投影机，连续使用 4 小时，需要关机休息 30 分钟以上。而 LED 投影器则应该在课间时关机休息一下，因为它的耐热能力不如 DLP 投影器。另外，投影机的开、关机操作也不能太频繁，这容易造成投影机灯泡炸裂或投影机内部电器原件损坏。

6）投影机在使用时，有些用户要求信号源和投影机之间有较大距离，如吊装的投影机一般都距信号源 15 米以上，这时相应信号电缆必须延长。由此会造成输入投影机的信号发生衰减，投影出的画面会发生模糊拖尾甚至抖动的现象。这不是投影机发生故障，也不会损坏机器。解决这个问题的最好办法是在信号源后加装一个信号放大器，可以保证信号传输20 米以上。

DLP 投影机与 LED 投影机相似，但可连续工作时间比 LED 机长,而 CRT 投影机的维护相对较少，由于基本不搬动，所以故障率相对很低。但无论何种投影机发生故障，用户都不可擅自开机检查，机器内没有用户可自行维护的部件，并且投影机内的高压器件有可能对人身造成严重伤害。所以，在购买时不仅要选好商品寻好价格，更要选好商家，弄清维修服务电话，有问题向专业人员咨询，才不会有后顾之忧。

（二）常见故障及处理

1．投影机法正常启动

检查是否有电源指示：无，则查开关和供电；有，则按中央控制台上的开关按钮，使用遥控器开启或者断电重新启动，如果仍然不行，则手动打开投影机电源。

2．投影机无信号输入

此时可以按面板上的"电脑"，让视频输出切换到电脑即可。

3．颜色显示异常

中控上电脑投影输出线松了，试着将其插紧；如果仍然不行，则换数据线。

4．投影大小异常

调整投影机上的控制圈，或者调整电脑的刷新率。

5．投影效果差

投影机老化，关闭黑板灯及两侧窗帘，增强投影效果。

6．图像模糊

调整聚焦（Focus）、对比度（Contrast）和亮度（Brightness）。

7．图像位置不对

调投影仪遥控器上菜单（Menu）选项中的水平位置和垂直位置。

8．倒像、反像

用遥控器菜单来调整（倒像是天花板模式调反了，反像是调成了背投模式）。

9．投影机报警（影机下方指示灯为红灯时）

关闭所有设备，关闭总电源后重启。

10．投影投出去图像为梯形

投影机放置时前面高后面低或者前面低后面高，投影出去后就有可能出现梯形。投影出去的图像呈梯形，画面就会失真，需要进行梯形校正，有些投影机使用遥控器就可以校正，或者抬高投影机的高度也可以校正。

六、控制面板方面

1．中央控制系统无信号输入

1）检查电脑到中控的视频信号线是否松动，如果信号线松动，电脑屏幕上就会无信号输出；

2）重新启动中控系统，中控系统中的视频功能模块的死机也会造成电脑无信号输出。

2．控制面板"系统开"无法开机

1）没有给控制系统供电，确认控制面板电源开关是否打开或电源线是否连接完整。

2）面板和主机的网络连线没有接好，请检查面板和主机连线是否接好、连接正确。

3）主机的电源管理死机，请关闭系统电源几秒后，重新开机。

电子白板教室一般会安排专门人员（一般是信息技术老师）进行日常的维护和故障处理。为了便于发现问题和管理，每一次维护后均要填写电子白板教室维护记录表，如表 4-1 所示。

表 4-1　电子白板教室维护记录表

时间		地点	
故障原因			
维护情况			
维护人员		班主任签字	

4.3 网络教室的管理与维护

网络教室（如图 4-29 所示）是目前国内中小学中发展较为普遍、应用广泛的一种信息技术设备系统环境，它功能强大，集普通的电脑室、语音室、视听室、报告厅等传统教学设备功能于一体，为学校提供了一个全新的多媒体计算机网络教学平台。网络教室系统结构复杂，体系庞大，主要包括三大组成部分：计算机网络系统、网络教学支持系统和教学资源系统。

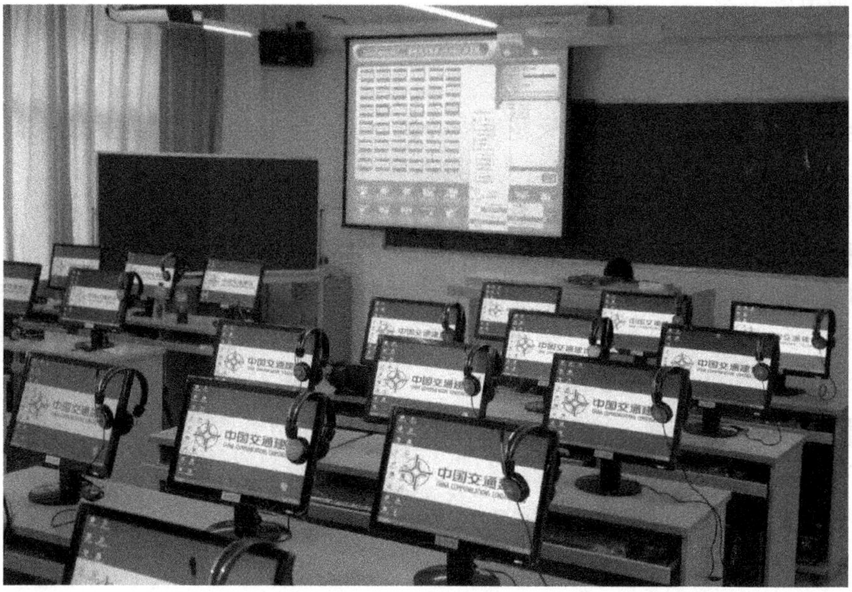

图 4-29　网络教室

4.3.1　网络教室的管理

1）网络教室是学校实施信息技术教学的主要场所，网管员负责管理和维护网络教室，未经网管员允许，任何人不得进入。

2）建立网络教室硬件和软件财产登记制度，做到帐物相符。并按要求分类编号、贴上标签、定位放置。

3）网络教室内要有可靠的防盗、防雷、防火、防尘和防水设施，并责任到人。

4）网络教室内要设立"网络教室使用记载表"，由网管员记载每天的教学内容和设备运行等情况。

5）信息技术教师使用网络教室时，网管员应保障供电、计算机、网络等设施设备正常运行。设备使用完毕后，应及时关闭总电源。

6）每台工作站设立"学生工作站上机日志"，信息技术教师督促学生正常记载，网管员要定期查看，如有故障，及时进行检修。

7）使用网络教室时，严禁登录非法、色情等内容不健康的网站，自带的光盘、U 盘等软件在使用前需先进行杀毒，网管员定期做好计算机的防毒杀毒工作。

8）网络教室内严禁抽烟、喝水、吃零食，要保持网络教室环境整洁。

9）严格遵守操作规程，网络教室内设施设备如有损坏，网管员应查明原因，并及时报告。

4.3.2 网络教室的维护

要合理有效地使用多媒体网络教室，日常维护发挥着非常重要的作用。

1．系统分区

网络教室是一个公共的学习、实践和交流空间，使用人员多且杂，计算机系统极易出现故障。为了方便管理，一般采用把系统和应用程序分别安装到不同分区的方法。其中第一个分区作为系统区，主要放置 Windows 操作系统；第二个分区作为应用程序区，主要放置我们经常使用的教学应用软件，如：Office、Photoshop、Flash、VB 等；第三个分区则作为学生使用的用户区。采用这种方法划分分区，主要就是为了把容易出问题的系统数据和一般的应用程序数据分开，减小系统区的数据量。为了方便维护，我们在做好系统后，就要把系统所在的分区进行备份。

2．系统保护

为了免于计算机系统崩溃重装系统，需要采用系统保护措施。常用的方法分为硬件保护和软件保护两种。硬件保护方法就是采用硬盘保护卡对硬盘数据进行保护，软件保护则通过软件修改系统的引导程序和文件分区表实现保护。

网络教室面向全校学生开放，学生上机的流动性非常大。学生由于电脑知识薄弱，操作时无意中会修改计算机参数等设置，再加上网络环境下病毒活跃，所以，必须对系统区的系统数据和应用程序区的数据加以保护。有效的办法是安装硬盘保护卡，该卡具有重启电脑自动系统还原、网络对拷功能，只需花点时间先规划好一台电脑作为发送端，将其他电脑作为接收端，接收端电脑不用安装任何软件。发送端电脑可将规划好的系统完整地传输到接收端每台电脑上，传输完毕后，系统还原卡将自动保护每台电脑单机的硬盘内容。也可以进行软件保护，如安装还原精灵、超级兔子和防火墙软件等。

3．系统备份/还原

可以在其他地方保存一个备份，当系统崩溃的时候，通过备份快速地还原系统，以弥补系统保护的不足。使用 Ghost 软件修复计算机硬盘内容，有效地维护与管理了计算机室的网络系统，减轻了管理人员的工作强度，省时省力，适用于任何配置机型。它是一种简便易行的好方法。操作方法为在硬盘上劈出一部分空间做一个逻辑盘，然后用 Ghost 软件将整个系统备份到该盘符。操作顺序是：在执行 Ghost 软件后，依次执行 local→Partition→To Image，然后选择源盘和需备份的分区，接着选择保存的路径，此路径最好是平时不用的逻辑盘，接着按照提示做一些选择后只需等待备份指示条完成就可以了。

以后万一系统受损，就可以很方便地利用 Ghost 软件将所做的备份还原出来。执行过程依次是 local→Partition→From Image，选择备份所在的盘符、路径和文件名，再选择系统欲恢复的分区即可。而且，Ghost 软件在做了系统备份以后，在使用过程中，如果机房的某一台计算机系统坏了，本身的 Ghost 备份又没用了，或者换了一个硬盘，这时就可以利用 Ghost 软件对两个硬盘进行对拷。具体操作为：运行 Ghost 软件，执行 local→Disk→To Disk，然后选择源盘、目标盘，按照提示做一些选择后等待指示条完成即可。

4．使用网络教室控制软件

要想充分利用机房提高上课效益，同时便于管理，必须实现系统控制。核心控制系统是以计算机网络系统为基础，在教师机和学生机上增加相应的硬件或软件，来调配计算机信号的传输，以及控制学生机器的使用，使计算机网络的功能得以实现。网络教室的这种控制系统大致分为纯硬件型、纯软件型和软硬件结合型。

如图 4-30 所示为纯软件型控制系统。它的屏幕广播、语音对讲、遥控辅导、视频点播、屏幕监控、文件传输等功能都很有用。例如，"屏幕监视"可以让我们不离开教师机而知道学生机情况；"屏幕广播"可以实现教师面向全体或指定学生进行教学演示功能。

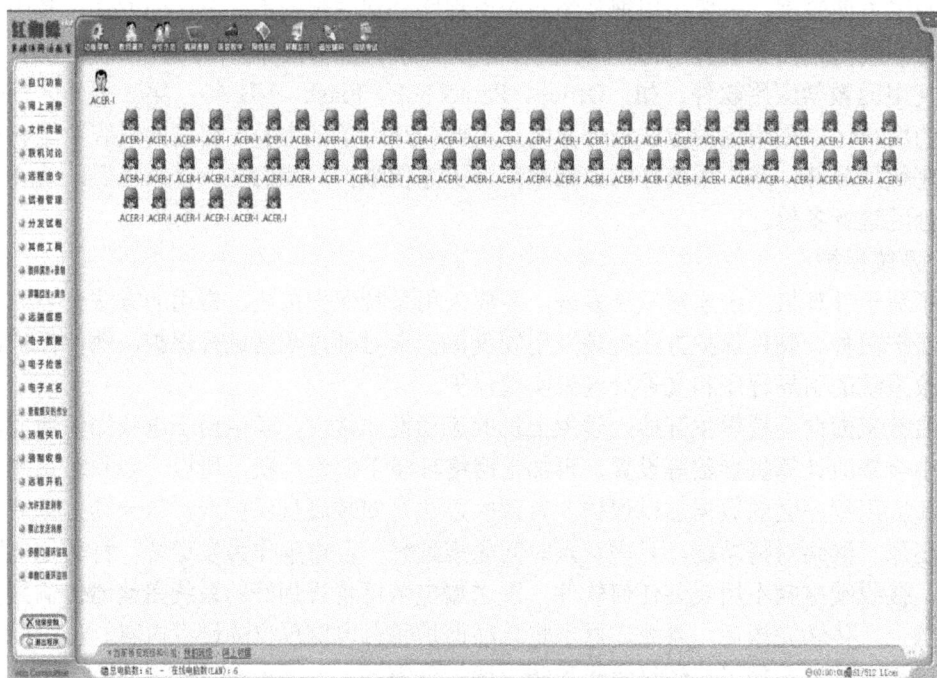

图 4-30　"红蜘蛛"网络教室控制软件主界面

5．安装杀毒软件，建立计算机网络安全技术支撑平台

计算机病毒具有很强的传染性，一旦一台电脑染上了病毒，很可能威胁到整个教室，甚至整个校园的局域网，在这样的形势下，我们必须安装杀毒软件，并及时升级到网络版。网络版杀毒软件一般都支持定时升级，全网查杀等功能，很好地帮助了机房管理人员。定期进行病毒查杀和网络安全漏洞检测，严防病毒侵入和黑客攻击，确保计算机网络系统正常工作。

6．用代理服务器来控制学生上网

网络教室配备了上 Internet 网络的设备，因此，学生可以随时上网，这给老师带来了不便。有时，老师要禁止学生上网，只有拔掉集线器上的接线，但这样会导致老师也不能上网。针对这样问题，可以在教师机上安装一套代理服务器（SyGate）软件，将教师机连接到因特网上，由它来"把守"出口，控制学生上网，这样老师就可以随时上网问题。当需要让学生上网时，单击 SyGate 界面的"start"按钮即可。

7．通过 FTP 实现文件共享

网络教室环境下的学习一般都会涉及到文件的共享，需要利用文件传输技术，例如学生需要下载教师机上的数字化资源，或者学生需要把自己的作业提交到教师机。通常网络教室是通过在局域网环境下教师机上配备 Serv-u 软件实现的。

4.4　录播教室的管理与维护

录播教室是精品课程、网络课程、优质示范课、微课、慕课和立项课程等视频录制的专门场所，为加强课堂录播系统的管理，提高其使用效率和使用寿命，保障录播系统的正常运行，更好地为教学服务，必须科学合理地进行管理与维护。

图 4-31　录播教室

1．专人负责管理

学校网络课堂录播系统由学校信息中心负责课堂录播控制，并统一维护和管理。信息中心负责录播教室和录播控制室内软硬件设备的管理维护和应急处理，保障课堂教学正常实施和录播系统的正常工作。

2．教师使用前的预约和申请

凡属于临时性使用录播教室的教师须提前一周提出申请，并填写《录播教室使用预约申请表》，信息中心根据具体情况统一安排。未提前申请者，不安排临时使用。

表 4-2　录播教室使用预约申请表

申请人		学科		授课对象	
使用时间		授课内容			
单位领导签字					
管理员签字					
主管领导签字					

3．对教师的要求

1）所有首次使用录播教室的教师需先参加信息中心对录播系统的统一培训，熟悉设备的使用及操作方法；

2）每次上课前，请检查设备是否完好，如有异常情况应及时报告管理人员；

3）请严格按操作规程使用教室设备；

4）电子白板配有专用教鞭和书写笔，请不要使用手指和其他物体在白板上书写，请保持屏幕整洁；

5）下课时请按照正常程序关闭投影机、话筒和计算机等设备，并将设备放回原处，清洁讲桌、黑板；

6）教室计算机上已经安装了教学常用软件，如果需要其他软件请提前与信息中心预约安装，未经允许，不得在计算机上安装其他应用软件；

7）教师的研究成果或其他重要信息请自行妥善处理，教学课件或教学资料请妥善保存，避免造成损失；

8）请教师督查学生是否遵守录播教室的相关管理规定。

4．对管理员的要求

1）负责日常录播教室和录播控制室内软硬件设备的管理维护和应急处理，保障课堂教学正常实施和录播系统的正常工作；

2）负责课堂教学的录像拍摄控制，包括系统启动、参数配置、音/视频调节、跟踪控制、推拉变焦、现场切换合成等；

3）即时在校园网络上发布在线课堂视频，确保班级同时授课正常进行；

4）建立相应的备件库，主要储备一些比较重要而损坏后不易马上修复的设备，如摄像机、镜头、监视器等；

5）定期进行系统常规检查，及早发现问题，提高录播教室使用率；

6）摄像头长期悬挂，防护罩及防尘玻璃上会很快蒙上一层灰尘、碳灰等的混合物，具有腐蚀性，严重影响收视效果，也给设备带来损坏，因此必须做好摄像机的防尘、防腐维护工作。

5．对学生的要求

1）要爱护录播教室内的设备设施，不得在墙面、桌面等处乱写乱画，不得随意按动各种开关；

2）教室内严禁吸烟、吃零食、丢弃杂物等不文明行为；

3）教室内严禁大声喧哗、打闹；

4）着装整洁、座次紧凑有序、坐姿端正，配合教师完成教学。

录播教室中系统设备的维护可以参照电子白板教室管理与维护部分。

4.5　讲学厅（多功能教室或会议室）的管理与维护

讲学厅是利用现代教育技术资源开展教育教学活动的重要场所，可以发挥会议厅、视频会议厅、报告厅、学术讨论厅、培训厅等多种功能，被广泛应用于各类机构。

在学校教育领域，学校组织教师利用网络资源进行集体备课，开展各学科的教研活动，进行数学、语文、英语等公开课的对外展示等都需要在讲学厅来开展。

讲学厅集多种功能于一体，同时综合了多媒体显示系统、视/音频系统、房间环境系统、智能型多媒体中央控制系统等多个系统，体系庞大，科学有效的管理与维护尤为重要。

1）多功能教室由专人负责。凡是室内的设备与器材均要分类、编号、登记、建卡，按规定存放。各类器材严禁随意搬动、严禁随意改变连接线路。

2）管理人员应熟悉各种设备的构造、性能和使用方法，认真做好设备器材的保养、维修和安全工作。

3）管理人员应积极配合各位教师，为教师上课、活动提供方便。使用多功能教室必须提前向信息中心提出申请，由信息中心管理人员统一安排后方可使用。

4）严格遵守操作规程，爱护使用电教设备，严禁超负荷运行电教设备。

5）严格进行财物管理，电教器材专物专用，严禁外借或挪作他用。

6）离开时必须检查电源，做好防火、防盗、防尘、防雷及电路安全的日常工作，严禁大功率电器及危险品入室，关好门窗。

7）保持室内干净、整洁，禁烟，讲学厅中活动时禁止喧哗。

8）如因操作不当而造成设备损坏，要追究责任，照价赔偿。

讲学厅系统的日常维护可以参照电子白板教室管理与维护部分。

4.6　计算机维护

计算机维护是指对计算机的性能等进行维护，是提高计算机使用效率和延长计算机使用寿命的重要措施。计算机维护主要体现在两个方面：一是硬件的维护；二是软件的维护。

4.6.1　硬件维护

计算机硬件的维护主要有以下几点：

1）正确开关电脑，不要频繁开关电脑。

2）开机应先开外部设备，然后打开主机；而关机则先关主机，再关外部设备。开关机时间至少要间隔 10 秒以上。

3）保持清洁的工作环境。

4）电脑应经常使用，避免长期不用。

5）电脑在工作时，禁止随意移动和震动，键盘操作也不能用力过猛。

6）更换或安装硬件设备时，应断电操作。

4.6.2　软件维护

对计算机软件的维护主要有以下几点：

1）系统安装完成后，必须安装杀毒软件和防火墙软件。

2）系统安装完成，安装常用软件之后，应对系统做备份。系统备份常用的软件是一键 ghost。当系统崩溃或系统软件被破坏时，我们就可以通过系统备份来还原原来备份好的系统。

3）对电脑里的重要数据也可备份。

4）定期对计算机升级防火墙、装系统补丁、进行系统优化、清除系统垃圾、整理磁盘碎片等，同时定期升级杀毒软件，查杀病毒。

5）不接受来历不明的文件，避免电脑感染病毒。

总之，计算机的使用与维护是分不开的，既要注意硬件的维护，又要注意软件的维护，二者兼顾。

第五章　教师校园网建设能力

教师校园网建设能力是学校教育信息化建设能力培养的一个难点，对计算机水平有一定的要求。虽然并不是所有教师都需要掌握这样的能力，但是作为参与到校园网建设的教师，就需要对学校校园网络建设与维护、校园网主页建设、校内各项业务系统部署（也包含网站）所需要的服务器环境建设，甚至是数据中心建设等能力有一定的要求。

5.1　校园网页设计与制作

网页设计是教师教育技术的基本能力之一。了解、掌握网页设计基础知识，对于提高教师教育信息化水平，运用现代教育技术改革教学手段有着非常重要的意义。此外，对于教师中需要参与到校园网建设的技术人员，校园网页设计与制作是一个必须学习和掌握的技能。

本节内容主要介绍网页设计的基本知识、网页设计常用的应用软件以及现在最新网页设计的技术、网站群建设的一些基本情况等，以拓展教师视野。此外，重点对中小学校园网主页设计进行简要分析。

5.1.1　Internet 与 WWW

Internet 是全球最大的、开放的、由众多网络互连而成的计算机互联网，中文译名为"国际互联网"或"因特网"。简单地说，Internet 就是将世界各地的计算机网络、主机和个人计算机通过通信设施和通信协议（基于 TCP/IP 协议簇）互相连接起来所构成的互联网络系统。Internet 目前的用户已经遍及全球，有几十亿人在使用 Internet，并且它的用户数还在以等比级数上升。因特网是一组全球信息资源的总汇，是由许多小的网络（子网）互连而成的一个逻辑网，每个子网中连接着若干台计算机（主机）。Internet 以相互交流信息资源为目的，是一个信息资源和资源共享的集合。

WWW 是 World Wide Web 的缩写，也可简写成 Web，中文叫做万维网。WWW 是欧洲量子物理研究中心 CERN（the European Laboratory for Particle Physics）在 1989 年研制成功的。现在 Internet 发展得最为蓬勃的部分就是 WWW，浏览 Web 已成为当今最主要的 Internet 服务。WWW 只是 Internet 的一部分，Internet 还包括 FTP、BBS 等其他服务。浏览 Web 就是以超文本传输协议在 Internet 上传送以超文本标识语言编写的网页内容，从而进行信息交流。WWW 的结构非常简单，主要分为两个部分：一部分为服务器端，也称为网页的提供者；另一部分为客户端，也称为网页的接收者。

5.1.2 网站

1．网站与网页

网站（Website）是指在因特网上根据一定的规则，使用 HTML（标准通用标记语言下的一个应用）语言编写的用于展示特定内容相关网页的集合。简单地说，网站是一种沟通工具，人们可以通过网站来发布自己想要公开的资讯，或者利用网站来提供相关的网络服务。人们可以通过网页浏览器来访问网站，获取自己需要的资讯或者享受网络服务。

网站的基本信息单位，是 WWW 的基本文档，它由文字、图片、动画、声音等多种媒体信息以及链接组成，是用 HTML（Hypertext Markup Language，超文本标识语言）编写的，通过链接实现与其他网页或网站的关联和跳转。网页文件则是一种在 WWW 上传输的能被浏览器识别显示的文本文件。如图 5.1 所示。

衡量一个网站的性能通常从网站所占的空间大小、网站物理位置、网站所在服务器的性能、网站连接访问的速度、网站软件配置等方面考虑，最直接的衡量标准是从网站的真实流量来考量的。

网站是由众多不同内容的网页组成的一个集合，通常把进入网站首先看到的那一页网页称为首页或主页（Homepage），由网页的内容体现网站的全部功能。

图 5-1　百度网站

2．网站站群系统

网站站群系统就是经过统一规划、统一后台管理、统一发布的网站的集合。在站群系统内，除了统一规划分级管理外，还注重相互之间的信息共享和网站安全。对于中小学来讲，如果除了校园网主页以外还要制作很多网站如年级主页、班级主页、个人主页等，就可以使用站群系统来完成。国内有很多站群系统，如动易、博达、国微等。

站群系统一般可以由站群超级管理员进行管理和分配资源与权限，还可以设计若干个网站模板，以方便使用站群系统建立网站的学校或公司能够快速搭建自己的网站。

5.1.3　建立学校网站的步骤

建立学校网站需要三个要素：网站本身的设计、空间（包含部署环境）、域名。当然如果完全是自己校内使用的，可以通过内网 IP 地址来访问，不用申请域名。

域名申请需要选择域名提供商，选择时要看其代理的是哪个公司提供的"域名管理系统"。一般国内万网、新网、中国频道、商务中国比较有名。

学校有条件的可以自己部署空间（包含部署环境），没有条件的也可选择在外租赁（购买），比如说在三大运营商（电信、移动、联通）那里。空间，也就是虚拟主机，专门存放网站的地方。购买空间后，一般会给出一个 Ftp 地址及对应的用户名和密码，以便学校上传自己的网站，此外，还可能会有一个虚拟主机管理后台的用户名和密码。购买、续费、设置404 页面的地方。在域名管理后台，域名解析里，把域名解析到网站 IP 地址。这样就能在互联网上访问到。

当然，如果学校缺少相关的技术人员，还可以选择"外包服务，校内维护"的方式进行。

5.1.4　网站建设规划

网站规划是指在网站建设前对建设需求进行分析，确定网站的目的和功能，并根据需要对网站建设中的技术、内容、费用、测试、维护等做出规划。网站规划对网站建设起到计划和指导的作用，对网站的内容和维护起到定位的作用。

一个网站的成功与否和建站前的网站规划有着极其重要的关系。只有详细的规划，才能避免在网站建设中出现的很多问题，使网站建设能顺利进行。

建立网站的步骤可分为申请网页空间、域名注册、网页制作、网站发布四个步骤。

在着手进行一个网站的设计之前，首先要明确以下几项设计原则：

（1）内容与形式相统一

内容是指你要通过网页向浏览者传达的有效信息及文字，形式是指网页的排版布局、色彩、图形的运用等外在的视觉效果。无论采取何种表现形式都不能单纯追求网页的美观而忽视内容的建设，没有充实内容的网站，即使设计再精美，也不会对用户有长久的吸引力。

（2）主题鲜明

一个网站必须要主题鲜明，突出重点，对于中小学校园网页而言，除了校园网主页应该基本覆盖学校需求以外，其他网页不可能内容大而全，包罗万象，因此必须要确定一个明确的主题，突出重点。主题鲜明、内容丰富、极具特色的网站往往比一个"大杂烩"式的网站更能吸引人。

（3）风格统一

整个网站的设计要采取统一的风格，这样使网站看起来更专业，不要一个页面采用一种风格，另一个页面又换一种风格，给人一种很散乱的印象。风格要突出学校的特点，无论是文字、色彩的运用，还是版式的设计都要给人一种鲜明的印象，使人看到这个页面就会想到这是属于这个学校的网站的。这也是目前比较流行的视觉识别系统（VI）所提倡的。

（4）兼顾下载速度与美观

由于目前的网络状况不均衡，不能为了片面追求页面的美观而忽视页面的下载速度，那样会失去一大批浏览者，为了看一幅美丽的图片而等上半天并不是一个好的设计。网页中的图片应当是起到画龙点睛的作用，除非特殊需要，一般不要在网页中大量使用图片，网页中的图片要经过适当的压缩处理，使它在保证质量的前提下尽量小。一些用 Java 程序设计的页面也非常美观，但下载速度慢，一般要慎重使用。

（5）导航清晰

网站要给浏览者提供一个清晰的导航系统，以便浏览者能够清楚目前所处的位置，同时能够方便地切换到其他页面。导航系统要出现在每一个页面上，标志要明显，便于用户使用，对于不同的栏目结构可以设计不同的导航系统。

（6）栏目设置合理

对于一个网站，尤其是学校的网站，其栏目设置是否清晰、合理、科学往往在很大程度上影响网站的访问量。一个栏目设置合理的网站，用户会很容易地找到需要的东西，这样的网站才能让用户喜欢。对于初学者来说，常犯的错误就是网站结构设计不合理，内容编排杂而乱。因此，在设计网站之前，一定要规划好栏目的设置。此外，学校校园网主页是为整个学校服务的（包括领导、教师、学生、家长、社会等），也是学校宣传自己的窗口，栏目设计尤其显得重要。

（7）良好的兼容性

对于网页来说，它不同于其他印刷品，制作完成后就一成不变了，它随着用户浏览器的不同而出现变化，因此设计者一定要考虑到网页的兼容性，使它适用于大多数主流的浏览器或目标用户所用的浏览器，不至于出现差别很大的浏览效果。现在浏览器五花八门的，已经不再局限于 IE 浏览器了，部分浏览器是基于 IE 内核的浏览器，如 360 浏览器，傲游浏览器，搜狗高速浏览器等等都是基于 IE 内核浏览器中比较出名的。还有一些非 IE 内核的浏览器，如火狐浏览器，谷歌浏览器，Opera 浏览器等都是非 IE 内核比较出名的浏览器。

（8）经常更新

经常维护更新，给用户提供最新的信息，才是一个网站具有吸引力的重要手段。因此，要想保持网站的访问量，吸引更多的"回头客"，必须要定期更新网站内容。

作为一个优秀网站，应该具备界面美观大方、内容丰富、访问及下载速度快、使用方便等特点。作为学校网页特别是校园网主页，既要注重美观大方，又要关注其实用性。用户体验度是学校网站评价的根本。

5.1.5 网页制作常用技术

一、静态网页设计与动态网页设计

网页制作一般分为静态网页制作和动态网页制作。

1. 静态网站

静态网站，就是网站全是 html 文件，页面是 html 编写的，当然也包含 css、javascript 等脚本。它的特点是不会"变"，内容不会随着某一事件的发生而改变。在你当初设计 html 页面的时候，你怎么设计的，那个页面就会怎么样。静态网站就是由 html 文件构成。

（1）静态网站的优点

1）独立的文件，移植方便，只需要复制过去就行；

2）制作方便，不需要复杂的编程功底；

3）不需要数据库等支持，页面执行速度快；

4）有利于搜索引擎抓取内容，收录；

（2）静态网站的缺点

1）后期维护工作量大，必须重新制作；

2）对于内容很多的静态网站，会需要大量 html 文件；

3）功能简单，无法实现更多的功能。

静态网站通常用于不用经常更新的企业类、学校类或个人网站，它制作简单，也有利于搜索引擎优化。

2．动态网站

动态网站，就是指那些应用脚本语言来编写的网站。常见的脚本编程语言有：asp、asp.net、php、jsp 等。动态网站使用了数据库技术，通过代码调用数据库来显示、输出数据库当中的内容，因此，动态网站内容是会"动"的。例如：要在网页上展示出某个班级的所有学生信息、每学期成绩信息，查询显示某学生的学籍等等，都需要使用到动态网页设计技术。

（1）动态网页设计的优点

1）能够实现很多、很强大的功能；

2）内容维护简单方便，通常有网站后台，在网站后台即可操作；

3）使用了数据库技术，不需要大量文件；

（2）动态网页设计的缺点

1）应用数据库技术，通常需要数据库环境支持，增加成本；

2）需要学习编程技术；

3）执行代码需要时间，当访问量大时，访问页面会变慢；

4）在 SEO（搜索引擎优化）领域中，通常认为，动态网站会不利于搜索引擎的收录；

动态网站的应用十分广泛，基本上 95%以上的网站都采用了动态网站技术。通常像论坛、门户网站，都是动态网站。

二、动态网站开发主流技术

动态网站开发的主流技术主要有：Asp、Asp.Net、JSP、PHP 这几种。

（一）ASP（Microsoft Active Server Pages）

ASP 是一套微软开发的服务器端脚本环境，ASP 内含于 IIS 之中，最新版的 ASP 3.0 内含于 IIS 5.0 之中。通过 ASP 大家可以结合 HTML 网页、ASP 指令和 ActiveX 控件建立动态、交互且高效的 WEB 服务器应用程序。

ASP 的优点：

1）简单易学。ASP 所使用的默认脚本语言 VBScript 源于 BASIC 语言，很容易掌握，并且其运行环境的搭建也很简单；

2）效率较高。访问量较低时，ASP 能体现出较高的效率，此时它对计算机的要求并不高；

3）较好的扩展性。由于使用了 COM 组件，ASP 程序可以通过编写其他 COM 组件来扩展 ASP 的功能。

（二）ASP.NET

ASP.NET 是微软公司推出的用于编写动态网页的一项新技术，是 ASP 和 .NET 技术的集合。

与以前的网页开发技术相比，ASP.NET 取得了很大进步。它是 ASP 的换代技术，但不是 ASP 的简单升级。ASP 发展到了 3.0 后再也没有出现新的版本，取而代之的是 ASP.NET。

ASP.NET 是微软发展的新体系结构.NET 的一部分，是 ASP 和 .NET 技术的结合。提供基于组件、事件驱动的可编程 Web 窗体，大大简化了编程。还可以用 ASP.NET 建立 Web 服务。在许多方面，ASP.NET 与 ASP 有着本质的不同。ASP.NET 完全基于模块与组件，具有更好的可扩展性与可定制性，数据处理方面更是引入了许多新技术，正是这些具有革新意义的新特性，让 ASP.NET 远远超越了 ASP，同时也提供给 Web 开发人员更好的灵活性，有效缩短了 Web 应用程序的开发周期。ASP.NET 与 Windows Server 的完美组合为中小型乃至企业级的 Web 商业模型提供了一个更为稳定、高效、安全的运行环境。

ASP.NET 具有非常明显的优势：执行效率大幅提高，易于跨平台调试，易于扩展，简单易学，安全性较高等。

（三）JSP（Java Server Pages）

JSP 是由 Sun Microsystems 公司倡导、许多公司参与一起建立的一种动态网页技术标准。JSP 技术有点类似 ASP 技术，它在传统的网页 HTML 文件（*.htm，*.html）中插入 Java 程序段(Script let)和 JSP 标记（tag），从而形成 JSP 文件（*.jsp）。用 JSP 开发的 Web 应用是跨平台的，既能在 Linux 下运行，也能在其他操作系统上运行。

JSP 技术的优势：

1）一次编写，到处运行。除了系统之外，代码不用做任何更改。

2）系统的多平台支持。基本上可以在所有平台上的任意环境中开发，在任意环境中进行系统部署，在任意环境中扩展。

3）强大的可伸缩性。从只有一个小的 Jar 文件就可以运行 Servlet/JSP，到由多台服务器进行集群和负载均衡，到多台 Application 进行事务处理、消息处理，一台服务器到无数台服务器，Java 显示了出了巨大的生命力。

4）多样化和功能强大的开发工具支持。Java 已经有了许多非常优秀的开发工具，而且许多可以免费得到，并且其中许多已经可以顺利地运行于多种平台之下。

5）支持服务器端组件。web 应用需要强大的服务器端组件来支持，开发人员需要利用其他工具设计实现复杂功能的组件供 web 页面调用，以增强系统性能。JSP 可以使用成熟的 JAVA BEANS 组件来实现复杂商务功能。

（四）PHP（Hypertext Preprocessor）

PHP，是英文超文本预处理语言的缩写。PHP 是一种 HTML 内嵌式的语言，是一种在服务器端执行的嵌入 HTML 文档的脚本语言，语言的风格类似于 C 语言，被广泛地运用。

PHP 独特的语法混合了 C、Java、Perl 以及 PHP 自创的语法。它可以比 CGI 或者 Perl 更快速地执行动态网页。用 PHP 做出的动态页面与其他的编程语言相比，PHP 是将程序嵌入到 HTML 文档中去执行的，执行效率比完全生成 HTML 标记的 CGI 要高许多；PHP 还可以执行编译后代码，编译可以达到加密和优化代码运行，使代码运行更快。PHP 具有非常强大的功能，所有 CGI 的功能 PHP 都能实现，而且支持几乎所有流行的数据库以及操作系统。PHP 还可以用 C、C++进行程序的扩展。

选择 ASP、PHP、JSP 还是 ASP.NET，最终还要取决于应用程序的需要，以及运行程序的系统环境。开发人员对于相似编程语言或范例的熟悉程度同样可以作为选择的因素。记住没有完美的方法和个人实际情况可以表明哪种技术是最佳选择。比如，使用 ASP.NET 为一个 Windows 服务器创建一个单页面的表单应用程序似乎有些大材小用，但对于 ASP 来说这是极佳的应用环境。如果一个站点需要同 Linux Apache 服务器上的 MySQL 数据库连接，那么使用 ASP 或者 ASP.NET 则会显得力不从心。在开发不同的项目时需要使用不同的技术。当然作为初学者来说，需要从一种比较容易上手的编程语言及平台学起，培养自己的学习能力、兴趣。基础打扎实，才能在以后日新月异的技术更新中不断成长。

关于 PHP、JSP、APS.NET 的区别请见图 5-2 所示。不论任何编程语言或技术平台，并没有完全意义上的好与不好之分，但是可以认真考虑适合与否。

	PHP	JSP	ASP.NET
操作系统	Windows/Linux/Mac...	Windows/Linux/Mac...	Windows
Web 服务器	Apache/Nginx/IIS	Apache/Nginx/IIS	IIS
执行效率	高	很高	高
稳定性	佳	佳	佳
开发时间	很短	长	短
学习难度	容易	难	中等
函数库/插件	丰富	丰富	一般
安全性	中等	好	中等
核心升级速度	快	一般	慢
开发工具	丰富	一般	一般
与 HTML 语言结合	好	差	好
开发成本	低	高	中

图 5-2 三种动态网页设计技术的对比

三、网页设计中的数据库

动态网页开发中，数据库非常重要。数据库离不开 SQL（Structured Query Language：结构化查询语言），学好了 SQL 基本上数据库就算入门了。SQL 语言的主要功能就是同各种数据库建立联系，进行沟通。SQL 语句可执行各种各样的操作。绝大多数流行的关系型数据库管理系统都采用 SQL 语言标准。虽然很多数据库对 SQL 语句进行了再开发和扩展，但是包括 Select，Insert，Update，Delete，Create 以及 Drop 在内的标准的 SQL 命令仍可用于完成几乎所有的数据库操作。

数据库种类很多，常见的包括：SQL SERVER /ACCESS /ORACLE/ MYSQL/ SQLITE 等，不同语言跟不同数据库是普遍的搭配，比如微软的语言 C#/ASP 用 access/sql server，PHP 用 Mysql，jsp 用 Oracle，当然也不是绝对。

任何一个大的网站都离不开数据库，有了数据库，网站中的内容才会被更多的人看到，才能被称为是"动态"的。Oracle 是目前大型数据库中的典范，但是在中小学的业务中需求并不旺盛，而常用的数据库主要有：

1. Access 数据库

Access 是由微软发布的关联式数据库管理系统，属于微软 Microsoft Office 的业务组件。它结合了 Microsoft Jet Database Engine 和图形用户界面两项特点，并且具有界面友好、易学易用、开发简单、接口灵活等特点，是一个典型的新一代桌面数据库管理系统。相对于微软 Mssql 数据库系统来说，Access 是一个相对轻量级的数据库，在网站建设中选用该数据库可以更多地节省成本。Access 数据库不需要独立的运行环境，直接放在 IIS 下即可运行，在数据转移的方便性方面具有一定的优势。

2. MsSQL（SqlServer）数据库

MsSQL 数据库仅需在数据库服务器上（Windows Server 操作系统）安装运行环境，即可正常运行。MsSQL 在海量数据存储、后台开发灵活性、可扩展性等方面有着其他数据库不可比拟的优势，并且使用标准的 SQL 语言进行管理。另外，MsSQL 还有更多的扩展，理论上对于数据库的大小是没有限制的。

3. MySQL 数据库

MySQL 被广泛地应用在 Internet 上的中小型网站中。由于其体积小、速度快、总体拥有成本低，尤其是开放源码这一特点，许多中小型网站为了降低网站总体拥有成本而选择了 MySQL 作为网站数据库。采用 MySQL 数据库的虚拟主机 Unix 标准型。一般在网站建设中使用 PHP 开发的网站更多的会选用 MySQL 数据库，因为两者都属于开源软件且都是轻量级开发平台，也都可以架构在 Linux 系统上运行，但开发方便性方面不如 MsSQL 数据库。

四、HTML5 介绍

HTML 是描述网页的一种语言。HTML 指的是超文本标记语言（Hyper Text Markup Language）。HTML 不是一种编程语言，而是一种标记语言（Markup Language）。标记语言是一套标记标签（markup tag），使用标记标签来描述网页。

HTML 标记标签通常被称为 HTML 标签（HTML tag）。它主要是尖括号包围的关键词，比如 <html>。HTML 标签通常是成对出现的，比如 <b> 和 </b>。标签对中的第一个标签是开始标签，第二个标签是结束标签，开始和结束标签也被称为开放标签和闭合标签。

HTML 第一版在 1993 年 6 月作为互联网工程工作小组（IETF）工作草案发布（并非标准），现在最常用的是 HTML4.01。而最新版本的 HTML 5 于 2014 年 10 月 28 日发布，用于取代 1999 年所制定的 HTML 4.01 和 XHTML 1.0 标准的 HTML [1]（标准通用标记语言下的一个应用）标准版本；现在仍处于发展阶段，但大部分浏览器已经支持某些 HTML5 技术。HTML 5 有两大特点：首先，强化了 Web 网页的表现性能。其次，追加了本地数据库等 Web 应用的功能。广义论及 HTML5 时，实际指的是包括 HTML、CSS 和 JavaScript 在内的一套技术组合。它希望能够减少浏览器对于需要插件的丰富性网络应用服务（plug-in-based rich internet application，RIA），如 Adobe Flash、Microsoft Silverlight，与 Oracle JavaFX 的需求，并且提供更多能有效增强网络应用的标准集。

HTML5 的技术在今天飞速发展，据 ABI Research 分析，全球目前有超过 109 万的移动用户在使用支持 HTML5 的浏览器，到 2016 年，将会上升到 2.1 亿。由于一些细节需要改进，整个进度或许会有所延迟，预计到 2020 年，才会确定最终的规范。HTML5 允许开发人员创建运行在任何平台上的 Web 应用，还拥有其他特性，也许会很快取代 Flash 的地位。

HTML5 的重要特性有：

1．支持视频播放功能

HTML5 具备比 Flash 更强大的视频功能，随时可以控制暂停、播放、开始。它强大的功能体系完全可以与 YouTube 以及其他的 Flash 网站相媲美。

2．支持视频录制功能

这个功能将会变得日趋重要。因为目前所有提供 Web 访问接口的移动虚拟设备都具备摄像功能。

3．支持音频的播放/录音功能

目前在播放/录制音频的时候可能需要用到 Flash、QuickTime 或者 Java，而这也是 HTML5 的功能之一。

4．应用程序

HTML5 允许 Web 页面运行应用，就像一般的应用那样独立运行。（下载 Financial Times app 体验此特性）

5．支持丰富的 2D 图片

HTML5 内嵌了所有复杂的二维图片类型。同目前网站加载图片的方式相比，它的运行速度要快得多。

6．支持即时通讯功能

在 HTML5 中内置了基于 Web sockets 的即时通讯功能，一旦两个用户之间启动了这个功能，就可以保持顺畅的交流。

7．实时流

Web Sockets 将允许任何 Web 页面设计人员轻松地添加实时数据流。实时数据流除了要求 HTML 程序员的能力外，还需要更复杂的编程技能。

下面是两个使用 HTML5 制作的网站范例，如图 5-3 所示。

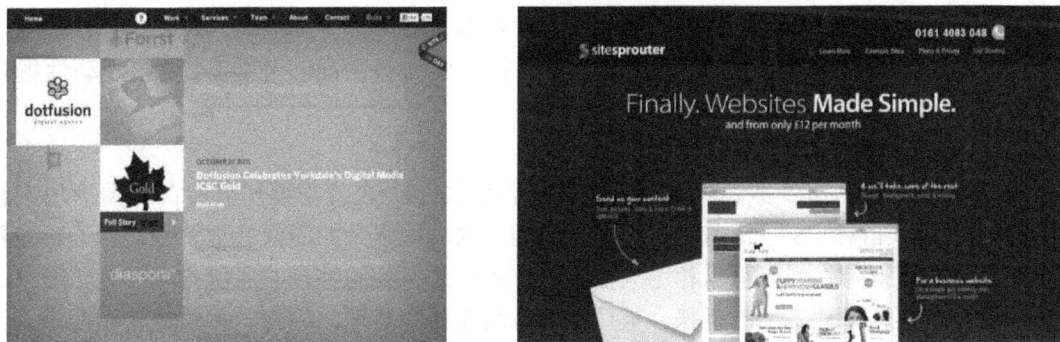

图 5-3 HTML5 网站范例

5.1.6 网页制作相关软件

网页三剑客，是一套强大的网页编辑工具，最初是由 Macromedia 公司开发出来的。由 Dreamweaver，Fireworks，Flash 三个软件组成，俗称三剑客。在网页制作之外，还涉及对许多图片的处理，Photoshop 也是用得最多的一款软件。

1. Dreamweaver

Dreamweaver 是一款"所见即所得"的网页编辑工具。与 FrontPage（微软推出的网页制作工具，后更改为 Microsoft SharePoint Designer）不同，Dreamweaver 采用的是 Mac 机浮动面板的设计风格，对于初学者来说可能会感到不适应。但当习惯了其操作方式后，就会发现 Dreamweaver 的直观性与高效性是 FrontPage 所无法比拟的。它包括可视化编辑、HTML 代码编辑的软件包，并支持 ActiveX、JavaScript、Java、Flash、Shockwave 等特性，而且它还能通过拖拽从头到尾制作动态的 HTML 动画，支持动态 DHTML（Dynamic HTML）的设计，可以轻而易举地做出很多眩目的页面特效。Dreamweaver 与 Flash、Fireworks 并称为 Macromedia 的网页制作三剑客，由于是同一公司的产品，因而在功能上有着非常紧密的结合。而最新推出的 Dreamweaver UltraDev 更支持 ASP、JSP。因此，说 Dreamweaver 是高级网页制作的首选并不为过。到目前为止，全世界范围超过 60%的专业网页设计师都在使用 Dreamweaver。

2. Fireworks

Fireworks 是 Adobe 推出的一款网页作图软件，软件可以加速 Web 设计与开发，是一款创建与优化 Web 图像和快速构建网站与 Web 界面原型的理想工具。Fireworks 不仅具备编辑矢量图形与位图图像的灵活性，还提供了一个预先构建资源的公用库，并可与 Adobe Photoshop、Adobe Illustrator、Adobe Dreamweaver 和 Adobe Flash 软件省时集成。在 Fireworks 中将设计迅速转变为模型，或利用来自 Illustrator、Photoshop 和 Flash 的其他资源，直接置入 Dreamweaver 中轻松地进行开发与部署。

3. Flash

Flash 也是 Macromedia 公司生产的软件。作为网页设计三剑客之一，它以制作网上动画为特长，做出的动画声音和动画效果都是其他软件所无法比拟的。Flash 的优点是体积小，可边下载边播放，这样就避免了用户的长时间等待。用 Flash 可以生成动画，还可以在网页中加入声音，生成多媒体的图形和界面，让网页动起来。虽然 Flash 不可以像一门语言一样进行编程，但用其内置的语句并结合 JavaScript，也可以做出互动性很强的主页来。

4. Photoshop

网页的设计与制作少不了对图形图像的制作和加工，这就需要用到专门的图形加工软件。Photoshop（俗称 PS）是 Adobe 公司推出的一款功能强大的图像处理软件。由于它的界面简洁友好，可操作性强，可以和绝大多数软件进行最完美的整合，所以备受广大图形设计爱好者和专业图像设计人员的青睐，被广泛地应用在图像处理、绘画、多媒体界面设计、网页设计等领域。这几年 Photoshop 的版本从最初的 3.0、4.0、5.0、6.0、7.0 一直发展到新推出的 CS 版。

5.2 服务器基础

在信息化建设中，服务器是承载各项业务的最重要的物理设备。在"互联网+"时代，网页、下载的软件、搜索的内容、收发的邮件等等都是从各个服务器上获得的。本节将介绍服务器的基本知识，并重点对中小学信息化建设中常用的 HTTP 和 FTP 服务器进行介绍。

5.2.1 服务器

一、服务器的概念

服务器英文名称为"Server"，指的是网络环境下为客户机（Client）提供某种服务的专用计算机，是安装有网络操作系统（如 Windows Server、Linux、Unix 等）和各种服务器应用系统软件（如 Web 服务、DHCP 服务、DNS 服务、电子邮件服务等）的计算机。

关于服务器的理解还可以从两方面来讲。从广义上说，指网络中能对其他机器提供某些服务的计算机系统（如果一个个人电脑对外提供了某种服务如 HTTP、FTP、DNS 服务等，也可以被称为服务器）。从狭义上看，服务器是专指某些高性能的特殊的计算机，能通过网络，对外提供服务。相对于普通个人电脑来说，这些服务器显得更加稳定和安全，在并发和流水作业性能上要求更高，因此在 CPU、芯片组、内存、磁盘系统、网络等硬件上和普通计算机有所不同。

表 5-1 给出了服务器和普通个人用计算机（PC）的一些区别。

表 5-1 服务器和普通个人用计算机（PC）的区别

参数	服务器	PC
架构	复杂、稳定	较为简单
CPU	Intel 的至强、AMD 的皓龙等 CPU，64 位，二级、三级缓存较大，根据服务器不同最多可支持 2、4、8 颗等 CPU，每颗 CPU 可为多核	普通的双核、四核的单个 CPU
内存	ECC（自动纠正），而且满足交叉读取存储	普通内存
硬盘	一般 SAS、SATA、SCSI 等接口	一般 SATA、IDE 等接口
网卡	千兆、万兆	百兆
可靠性	强	一般
稳定性	强（满足 7 天×24 小时×365 天运行）	较弱
可管理	强，专业管理软件	一般使用
可扩展性	强	一般
安全	高	低
显卡	弱	强
其他相关设备	阵列卡、光纤通道卡、冗余电源等	打印机、专业声卡等

二、服务器的分类

服务器的分类方法很多，以下列举四种分类方法：

按应用层次划分，可以分为：入门级服务器、工作组级服务器、部门级服务器、企业级服务器；按服务器用途划分，可以分为：通用型服务器、功能型服务器；按服务器的处理器架构划分，可以分为：CISC（IA/X86）架构服务器、RISC 架构服务器、VLIW 架构服务器；按机箱结构划分，可以分为：塔式服务器、机架式服务器、刀片式服务器；按 CPU 的个数分，可以分为两路服务器、四路服务器和八路服务器（几路代表最多可插几颗 CPU）。下面我们介绍常用的两种分类方法：

（一）按机箱结构划分

1. 塔式（Tower）服务器

立式放置的服务器机型；外形以及结构都跟立式 PC 差不多，但服务器机箱比 PC 机箱体积更大，Tower 机型在外观尺寸上要求没有 Rack 严格，可预留更多扩展空间。这种服务器目前在中小学用得还比较多，但是在拥有数据中心机房的环境下（有专业机架）基本没有使用。左边列举了一款国产联想塔式服务器，如图 5-4 所示。

图 5-4 塔式服务器

2. 机架式（Rack）服务器

机架式服务器的外形看来不像计算机，而像交换机，有 1U（1U=1.75 英寸=4.45CM）、2U、4U、8U 等规格。机架式服务器安装在标准的机柜里面。这种结构的多为功能型服务器。对于承载各项业务功能和数据服务功能的数据中心机房而言，选择服务器时首先要考虑服务器的体积、功耗、发热量等物理参数，机房通常设有严密的保安措施、良好的冷却系统、甚至多重备份的供电系统，造价较为昂贵。如何在有限的空间内部署更多的服务器直接关系到企业的服务成本，所以企业通常选用机械尺寸符合 19 英寸工业标准的机架式服务器。下面列举了不同型号的国产曙光、浪潮、华为服务器，如图 5-5 所示。

图 5-5 不同型号的国产机架式服务器

这些机架式服务器一般都是放置在机柜中，机柜图如下图 5-6 所示。

图 5-6　机柜及数据中心机房效果示意图

3．刀片（blade）服务器

刀片式服务器是指在标准高度的机架式机箱内可插装多个卡式的服务器单元，实现高可用和高密度，如图 5-7 所示。这种架构是专门为特殊应用行业和高密度的计算机环境设计的，其中每一块"刀片"实际上就是一块系统母板，类似于一个个独立的服务器。在这种模式下，每一块母板运行自己的系统，服务于指定的不同用户群，相互之间没有关联，但管理员可以使用系统软件将这些母板集合成一个服务器集群，所有的母板可以连接起来提供高速的网络环境，并同时共享资源，为相同的用户群服务。而由于每块"刀片"都是热插拔的，所以，系统可以轻松地进行替换，并且将维护时间减少到最小。刀片服务器装载的物理环境我们一般称为刀箱，俗称"笼子"。目前在中小学使用刀片服务器的并不多见。

图 5-7　刀片服务器

（二）按照体系架构来划分

1．非 x86 服务器

包括大型机、小型机（如图 5-8 所示）和 UNIX 服务器，它们是使用 RISC（精简指令集）或 EPIC 处理器，并且主要采用 UNIX 和其他专用操作系统的服务器。精简指令集处理器主要有 IBM 公司的 POWER 和 PowerPC 处理器，SUN 与富士通公司合作研发的 SPARC 处理器，EPIC 处理器主要是 HP 与 Intel 合作研发的安腾处理器等。这种服务器价格昂贵，体系封闭，但是稳定性好，性能强，主要用在金融、电信等大型企业的核心系统中。

图 5-8　浪潮天梭 K1 关键应用主机和 IBM Power7 系列小型机

2. X86 服务器

X86 又称 CISC（复杂指令集）架构服务器，即通常所讲的 PC 服务器，它是基于 PC 机体系结构，使用 Intel 或其他兼容 X86 指令集的处理器芯片和 Windows 操作系统的服务器，如 IBM 的 System x 系列服务器、HP 的 Proliant 系列服务器等。相对而言，X86 服务器价格更便宜、兼容性好，虽然稳定性和安全性比非 x86 服务器差一些，但是更易于掌握和使用。

从当前的技术发展特别是引入了虚拟化技术以后，以"小、巧、稳"为特点的 X86 架构的服务器得到了更为广泛的应用。

三、磁盘与磁盘阵列

1. RAID 介绍

RAID 是 Redundent Array of Inexpensive Disks 的缩写，直译为"廉价冗余磁盘阵列"，也简称为"磁盘阵列"。后来 RAID 中的字母 I 被改作了 Independent，RAID 就成了"独立冗余磁盘阵列"，但这只是名称的变化，实质性的内容并没有改变。可以把 RAID 理解成一种使用磁盘驱动器的方法，它将一组磁盘驱动器用某种逻辑方式联系起来，作为逻辑上的一个磁盘驱动器来使用。磁盘阵列常在服务器上使用，也可以是独立的磁盘阵列设备。

2. RAID 的优点

（1）传输速率高。在部分 RAID 模式中，可以让很多磁盘驱动器同时传输数据，而这些磁盘驱动器在逻辑上又是一个磁盘驱动器，所以使用 RAID 可以达到单个的磁盘驱动器几倍的速率。因为 CPU 的速度增长很快，而磁盘驱动器的数据传输速率无法大幅提高，所以需要有一种方案解决二者之间的矛盾。

（2）更高的安全性。相较于普通磁盘驱动器很多 RAID 模式都提供了多种数据修复功能，当 RAID 中的某一磁盘驱动器出现严重故障无法使用时，可以通过 RAID 中的其他磁盘驱动器来恢复此驱动器中的数据，而普通磁盘驱动器无法实现，这是使用 RAID 的第二个原因。

3. RAID 的分类

常见的 RAID 级别包括：

RAID 0（Striped Disk Array without Fault Tolerance，无差错控制的分块磁盘组）；

RAID 1（Mirroring，镜象结构）；

RAID 0+1（Mirroring and Striping）；

RAID 3（Striping with dedicated parity，带奇偶校验的并行传送）；

RAID 5（Striping with distributed parity，分布式奇偶校验的独立磁盘结构）；

RAID 6（带有两种分布存储的奇偶校验码的独立磁盘结构）；

此外，还有 RAID7、RAID53 等。下面重点介绍一下 RAID0、RAID1、RAID0+1、RAID5 和 RAID6 这几个比较常用的。

1）RAID 0，无冗余无校验的磁盘阵列。数据同时分布在各个磁盘上，没有容错能力，读写速度在 RAID 中最快，但因为任何一个磁盘损坏都会使整个 RAID 系统失效，所以安全系数反倒比单个的磁盘还要低。一般用在对数据安全要求不高，但对速度要求很高的场合，如：大型游戏、图形图像编辑等。此种 RAID 模式至少需要 2 个磁盘，而更多的磁盘则能提供更高效的数据传输。

2）RAID 1，镜象磁盘阵列。每一个磁盘都有一个镜像磁盘，镜像磁盘随时保持与原磁盘的内容一致。RAID1 具有最高的安全性，但只有一半的磁盘空间被用来存储数据。主要用在对数据安全性要求很高，而且要求能够快速恢复被损坏的数据的场合。此种 RAID 模式每组仅需要 2 个磁盘。

3）RAID 0+1，从其名称上就可以看出，它把 RAID0 和 RAID1 技术结合起来，数据除分布在多个磁盘上外，每个磁盘都有其物理镜像磁盘，提供全冗余能力，允许一个以下磁盘故障，而不影响数据可用性，并具有快速读写能力。但是 RAID0+1 至少需要 4 个磁盘才能组建。

4）RAID 5 和 RAID 6

RAID 5：RAID 5 不是单独指定的奇偶盘，而是在所有磁盘上交叉地存取数据及奇偶校验信息。在 RAID 5 上，读/写指针可同时对阵列设备进行操作，提供了更高的数据流量。RAID 5 更适合于小数据块和随机读写的数据。RAID 3 与 RAID 5 相比，最主要的区别在于 RAID 3 每进行一次数据传输就需涉及到所有的阵列盘；而对于 RAID 5 来说，大部分数据传输只对一块磁盘操作，并可进行并行操作。在 RAID 5 中有"写损失"，即每一次写操作将产生四个实际的读/写操作，其中两次读旧的数据及奇偶信息，两次写新的数据及奇偶信息。

RAID 6：与 RAID 5 相比，RAID 6 增加了第二个独立的奇偶校验信息块。两个独立的奇偶系统使用不同的算法，数据的可靠性非常高，即使两块磁盘同时失效也不会影响数据的使用。但 RAID 6 需要分配给奇偶校验信息更大的磁盘空间，相对于 RAID 5 有更大的"写损失"，因此"写性能"较差。

在服务器上，如果需要考虑磁盘容量不要浪费但是又需要保证一定的安全可靠，RAID 5 和 RAID 6 是用得较多的两种方式，他们的主要区别在于：

表 5-2 RAID5 和 RAID6 的主要区别

	读写效率	安全性	可用容量	缺点
RAID 5	高	允许一块硬盘损坏	N-1	不允许两个盘坏
RAID 6	比 RAID 5 略低（2%~5%）	允许二块硬盘同时损坏	N-2	不允许三个盘同时坏

4．常用的服务器磁盘及磁盘阵列

现在在服务器上最常用的硬盘就是 SAS 硬盘了，相比 SATA 硬盘价格高一些，但是速度快，更安全可靠。SAS 也有很多种，常用的如 10000rpm 的 SAS、15000rpm 的

SAS，SATA 则以 7200rpm 的 SATA3 为主。SAS 有 3 寸的也有 5 寸的。在一些特殊场合，如果有高并发 I/O 读写需求，那可以使用 SSD（固态硬盘）做高速缓存，以提升整体的读写性能。

独立的存储设备（磁盘阵列）的安全可靠性更高，适合业务较多的场景。很多磁盘阵列设备都支持多种型号的磁盘，这些磁盘都在一个框内，并且可以通过扩展磁盘框来增加存储容量。常见的磁盘阵列可以分为 IP-SAN（基于 IP 以太网）和 FC-SAN（基于光纤通道技术）。

图 5-9 为华为的磁盘阵列。

图 5-9   磁盘阵列

四、融合一体化

根据目前信息化业务发展的需求，除了单独购买服务器、存储设备外，还出现了很多融合系统设备（如图 5-10 所示），将机柜、电源、制冷、服务器、存储、交换机甚至安全设备都融合在一起，经过优化设计，为中小型企业、事业单位（包括中小学）提供数据中心的支持。在云时代的今天，还有很多商家提出了如一框即云等概念。这些都为没有配备和诸多专业计算机技术人员的学校带来了极大的方便。

融合系统是将多个 IT 组件进行融合，组成一个经过优化的、预验证的解决方案。融合解决方案的组件包括服务器、数据存储设备、网络设备和 IT 基础设施管理、自动化和业务流程的软件。融合系统不是把 IT 系统核心要素进行简单的堆叠，而是有一套优化融合的解决方案，使整个 IT 系统性能更优、成本更低、管理更简单。相比于传统部署方式，融合系统具有业务部署快、管理简单等优点，最大限度地降低了系统部署时间和 IT 运维成本。融合系统在中心型数据中心建设中已经得到越来越多的用户认可，并已成为数据中心 IT 基础设施的一个发展方向。但由于以应用为核心一体机设备的强绑定，服务器、存储和网络设备一般不会给其他应用系统用，因此可能会造成设备无法复用、资源利用率不高的弊端。

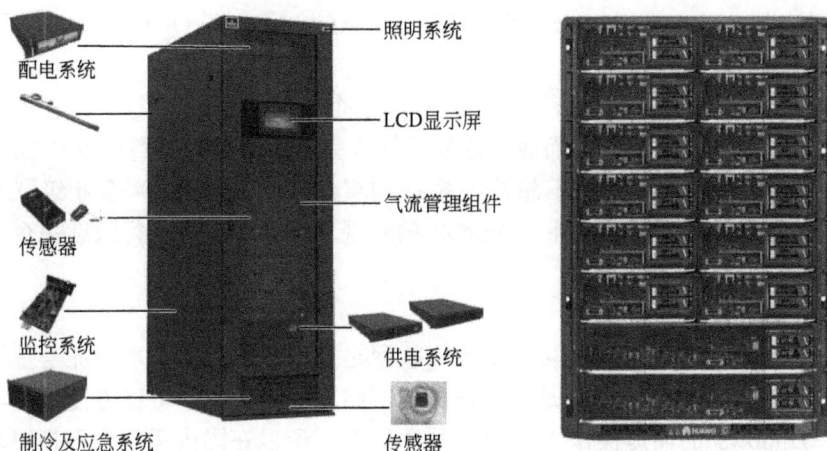

图 5-10　融合系统

五、服务器操作系统

服务器操作系统是指安装在服务器上的操作系统。同时，大部分服务器操作系统也可以安装在个人电脑上。相比个人版操作系统，服务器操作系统要承担额外的管理、配置、稳定、安全等功能。

常用的服务器操作系统有：

1. Windows Server

目前主要使用的微软服务器操作系统有 Windows Server 2003、Windows Server 2008 、Windows Server 2008 R2 、Windows Server 2012 等。Windows 服务器操作系统的应用，结合.NET 开发环境，为微软企业用户提供了良好的应用框架。此外，由于这些操作系统都出自微软，都属于视窗类操作系统，操作与我们常用的 Windows 桌面产品（Windows XP、7、8、10 等）基本类似，所以易于上手学习，成为了很多普通用户的选择。

2. Unix

Unix 服务器操作系统由 AT&T 公司和 SCO 公司共同推出，主要支持大型的文件系统服务、数据服务等应用。市面上流传的主要有 SCO SVR、BSD Unix、SUN Solaris、IBM-AIX、HP-U、FreeBSD 等。Unix 操作系统一般价格比较昂贵。

3. Linux

简单地说，Linux 是一套免费使用和自由传播的类 Unix 操作系统，它主要用于基于 Intel x86 系列 CPU 的计算机上。这个系统是由全世界各地的成千上万的程序员设计和实现的。其目的是建立不受任何商品化软件的版权制约的、全世界都能自由使用的 Unix 兼容产品。

Linux 的出现，最早开始于一位名叫 Linus Torvalds 的计算机业余爱好者，当时他是芬兰赫尔辛基大学的学生。他的目的是想设计一个代替 Minix（是由一位名叫 Andrew Tannebaum 的计算机教授编写的一个操作系统示教程序）的操作系统，这个操作系统可用于386、486 或奔腾处理器的个人计算机上，并且具有 Unix 操作系统的全部功能，因而开始了Linux 雏形的设计。

常用的 Linux 操作系统有：Red Hat Linux、CentOS、Debian、Gentoo、Ubuntu、

Damn Vulnerable Linux、Fedora、Kali Linux、Arch Linux、OpenSuse 等。国产 Linux 有中标麒麟。

这里重点介绍一下 CentOS。CentOS 是一款企业级 Linux 发行版，它使用红帽企业级 Linux 中的免费源代码重新构建而成。这款重构版完全去掉了注册商标以及 Binary 程序包方面一个非常细微的变化。如果不想花很多钱购买红帽（Red Hat）企业级 Linux，那免费 CentOS 是一个不错的选择。此外，CentOS 的外观和行为也与母发行版红帽企业级 Linux 非常相似。

4．Netware

Netware 是由 NOVELL 公司推出的一款网络操作系统，其基本特征是基于模块设计思想的开放式系统结构。Netware 是一个开放的网络服务器平台，可以方便地对其进行扩充。但是由于 Windows 的便捷操作和 Linux 异军突起，所以在国内用得并不是很多，只在一些特定行业和事业单位中，NetWare 优秀的批处理功能和安全、稳定的系统性能还发挥着重要作用。NetWare 常用的版本有 Novell 的 3.11、3.12、4.10、5.0 等。

5.2.2 HTTP 服务器

一、HTTP 协议与 URL 地址

1．HTTP（HyperText Transfer Protocol）：超文本传输协议

HTTP，超文本传输协议是互联网上应用最为广泛的一种网络协议。HTTP 协议是用于从 WWW（World Wide Web，万维网）服务器传输超文本到本地浏览器的传输协议。它可以使浏览器更加高效，使网络传输减少。它不仅保证计算机正确快速地传输超文本文档，还确定传输文档中的哪一部分，以及哪部分内容首先显示（如文本先于图形）等。HTTP 是客户端浏览器或其他程序与 Web 服务器之间的应用层通信协议。在 Internet 上的 Web 服务器上存放的都是超文本信息，客户机需要通过 HTTP 协议传输所要访问的超文本信息。HTTP 包含命令和传输信息，不仅可用于 Web 访问，也可以用于其他因特网/内联网应用系统之间的通信，从而实现各类应用资源超媒体访问的集成。

2．URL（Uniform Resource Locator）：统一资源定位

上网时，打开浏览器，在地址栏里输入的网站名或网址就叫做 URL。就像每个人所住的地方都有一个地址一样，每个网页也都有一个 Internet 地址。当你在浏览器的地址框中输入一个 URL 或是单击一个超级链接时，URL 就确定了要浏览的地址。浏览器通过超文本传输协议 HTTP，将 Web 服务器上站点的网页代码提取出来，并翻译成你所需要的网页。

二、HTTP 服务器

承载着 HTTP 服务的服务器即是 HTTP 服务器。

能提供 HTTP 服务的软件很多，有操作系统自带的（如 Windows Server 的 IIS），也有第三方 HTTP 服务器软件。常用的有：

1）IIS 是英文 Internet Information Server 的缩写，译成中文就是"Internet 信息服务"的意思。它是微软公司主推的服务器，运行在 Windows 操作系统中。最新的版本是 Windows2008 里面包含的 IIS 7，IIS 与 Window Server 完全集成在一起，因而用户能够利用

Windows Server 和 NTFS（NT File System，NT 的文件系统）内置的安全特性，建立强大、灵活而安全的 Internet 和 Intranet 站点。

如果想在 Windows 个人版本上发布网站，除了使用 IIS 外，微软还提供 PWS（全称为 Personal Web Server）帮助用户建立网站。

2）Apache。Apache 是世界使用排名第一的 Web 服务器软件。它可以运行在几乎所有广泛使用的计算机平台上。Apache 源于 NCSAhttpd 服务器，经过多次修改，成为世界上最流行的 Web 服务器软件之一。Apache 取自"a patchy server"的读音，意思是充满补丁的服务器，因为它是自由软件，所以不断有人来为它开发新的功能、新的特性、修改原来的缺陷。Apache 的特点是简单、速度快、性能稳定，并可做代理服务器来使用。

Tomcat 是 Apache 软件基金会（Apache Software Foundation）的 Jakarta 项目中的一个核心项目，由 Apache、Sun 和其他一些公司及个人共同开发而成。由于有了 Sun 的参与和支持，最新的 Servlet 和 JSP 规范总是能在 Tomcat 中得到体现。因为 Tomcat 技术先进、性能稳定，而且免费，因而深受 Java 爱好者的喜爱并得到了部分软件开发商的认可，成为目前比较流行的 Web 应用服务器。

3）Nginx 是一个小巧且高效的 HTTP 服务器，还能做一个高效的负载均衡反向代理，通过它接受用户的请求并分发到多个 Mongrel 进程，可以极大提高 Rails 应用的并发能力。

4）GFEGoogle 的 web 服务器，用户数量激增。

此外，还有如 Lighttpd、H2O、icomet、Zeus 等基于不同操作系统的服务器。值得一提的是，这些服务器都基本能提供我们下面一节将要介绍的 FTP 服务。

三、使用 IIS 搭建 HTTP 服务器

这里我们选择比较具有代表性的 Windows Server 2008 中的 IIS 7.0 为例说明如何创建一个网站。

（1）首先需要安装 IIS7.0

1）右键点击"我的电脑"，选择"管理"，即可出现服务器管理器。在"服务器管理器"控制台中，单击"角色"节点，在控制台右侧界面中单击"添加角色"按钮，打开"添加角色向导"页面。然后选择"WEB 服务器（IIS）"复选框，并点击"添加必需的功能"按钮。如图 5-11 所示。

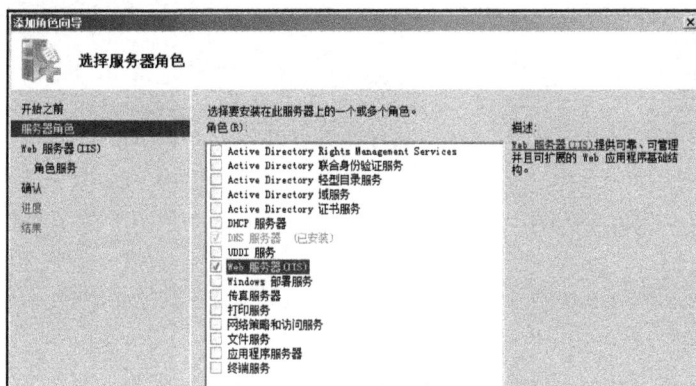

图 5-11 添加 IIS（1）

2）单击"下一步"，出现"WEB 服务器（IIS）"对话框，继续单击"下一步"按钮，出现"选择角色服务"对话框，在此选择除 FTP 发布服务外的所有角色服务，如图 5-12 所示。

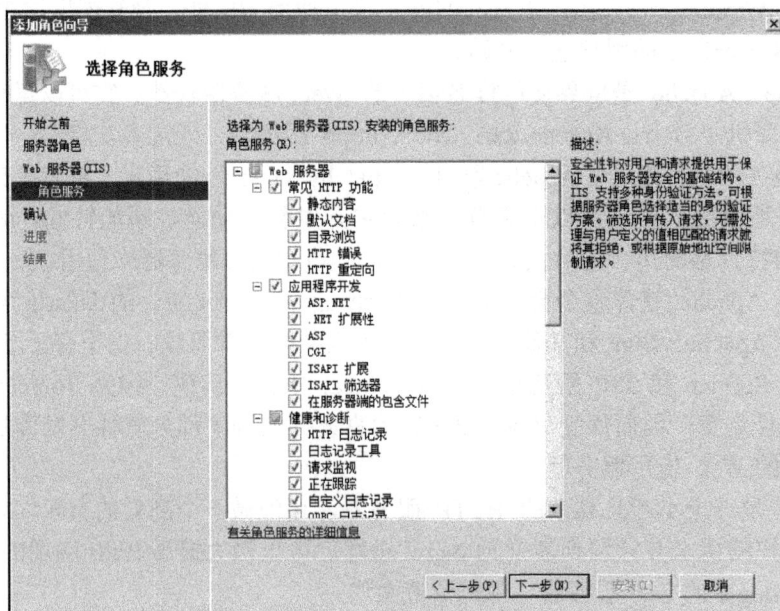

图 5-12　添加 IIS（2）

3）单击"下一步"按钮，出现"确认安装选择"对话框，显示 WEB 服务器 IIS 角色的信息，单击"安装"按钮开始安装 WEB 服务器 IIS 角色，安装完毕，最后单击"关闭"按钮完成 WEB 服务器 IIS 角色的安装。

（2）配置 IIS

1）从管理工具中打开 IIS，如图 5-13 所示。

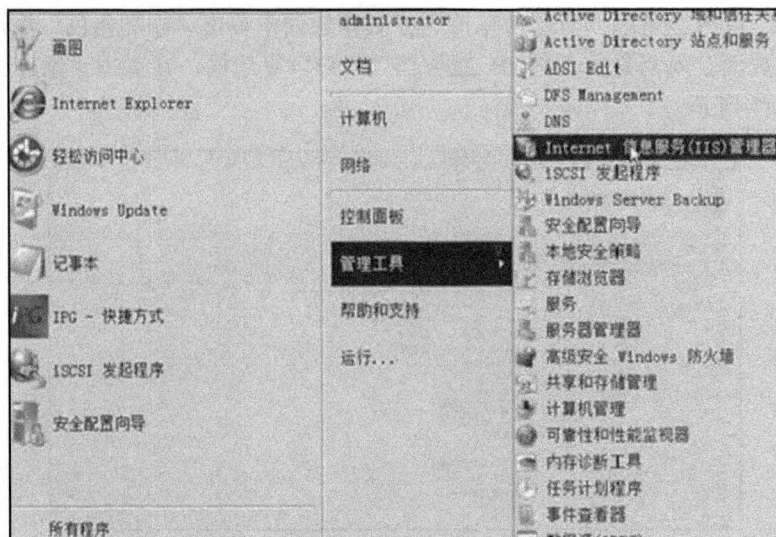

图 5-13　打开 IIS

2）点击展开菜单"网站"，可以看见默认的站点"Default Web Site"，如图 5-14 所示。如果需要配置某个站点，在"Internet 信息服务管理器"的左侧窗口选中即可。如果要增加网站，只需要鼠标右键点击"网站"，选择相应的操作即可。

图 5-14　IIS 中查看网站

3）要建立一个网站，首选需要配置站点的 IP 地址和 TCP 端口（默认为 80，也可以修改）。右击目标站点，从弹出来的快捷菜单中选择"编辑绑定"。在弹出来的"网站绑定"窗口中，点击"编辑"按钮。如图 5-15 所示。

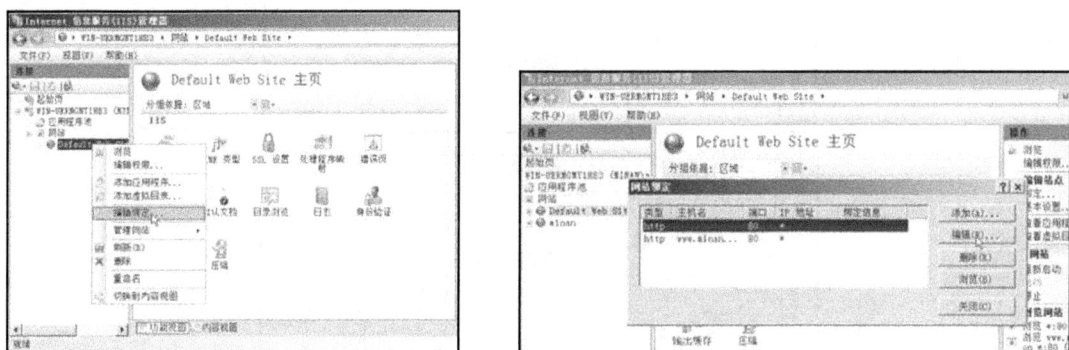

图 5-15　编辑绑定网站地址和端口（1）

在"编辑网站窗口"中，可以看见 IP 地址为"全部未分配"，这里我们也可以指定一个固定的 IP 地址，单击下拉列表框选择，或者直接输入 IP 地址，如图 5-16 所示。一般，默认的选择就是本机的 IP 地址。一般端口号默认为 80，也可进行修改。

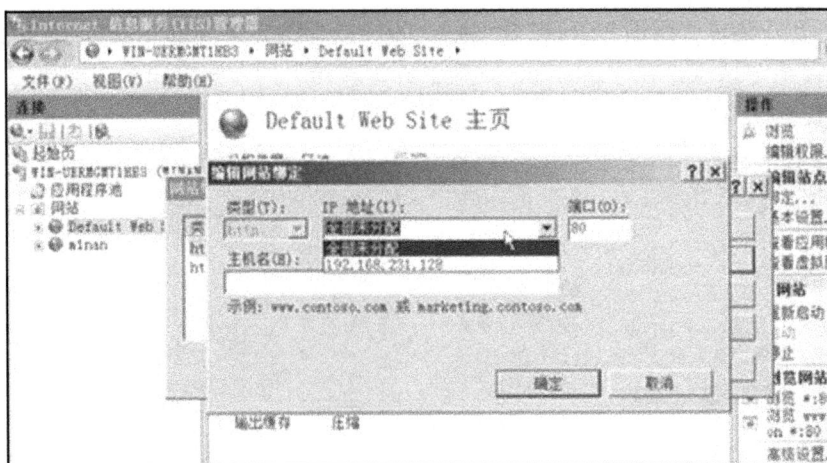

图 5-16　编辑绑定网站地址和端口（2）

4）配置站点的物理路径和连接限制。鼠标右键点击网站，选择"管理网站"中的"高级设置"，在"高级设置"窗口中，设置修改网站存放的物理路径（如图 5-17 所示），还可以设置如：连接超时、最大并发连接数、最大带宽等。

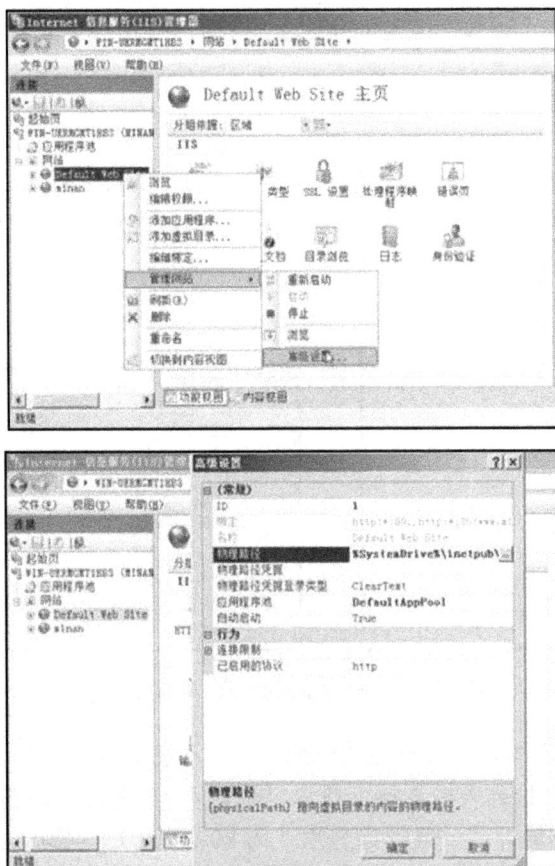

图 5-17　配置网站路径设置

5）前面介绍过，网站是由众多不同内容的网页组成的一个集合，通常把进入网站首先看到的那一页网页称为首页或主页。在 IIS 中，这个首页就是这里的默认文档。在"Internet 信息服务管理器"中选择需要配置的网站，双击右边的"默认文档"功能（如图 5-18 所示），即可进行修改。

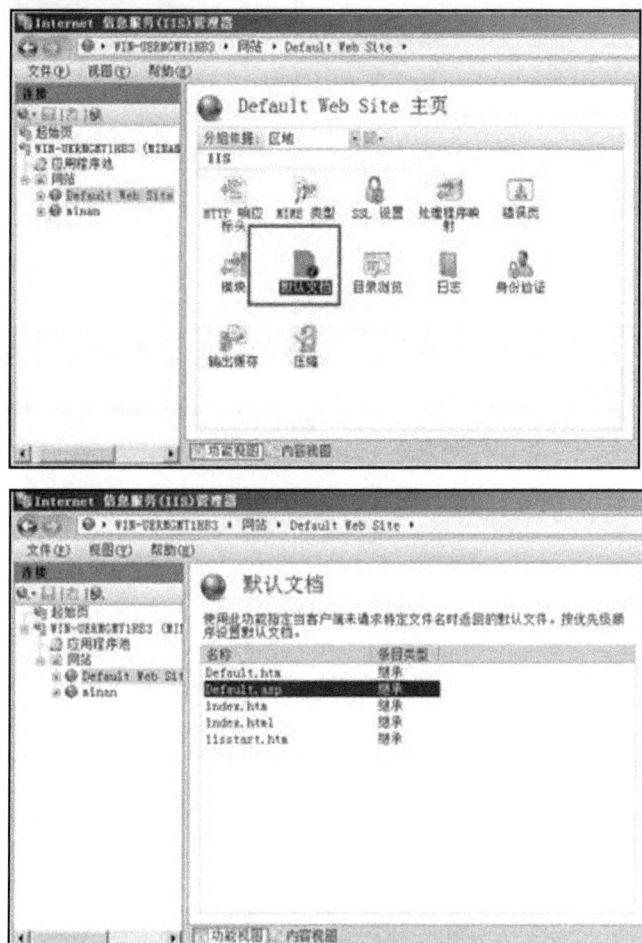

图 5-18　设置网站默认文档

不同网站制作有不同的默认主页，例如选择用 ASP.NET 生成的网站，默认主页可能是 defaul.aspx 或者是 index.aspx，静态网站默认主页可能是 index.htm 或者 default.html 等。当然根据网站环境不同还可能安装配置其他信息，如不同版本的.net framework 等。

6）实例：在 e:\test 中建立一个静态网页 index.htm，在 IIS 中添加网站，修改网站存放的物理路径为 e:\test，并将 index.htm 设置为默认文档。输入本机网站网址（端口号 80 为默认的），即可观察到结果，如图 5-19 所示。

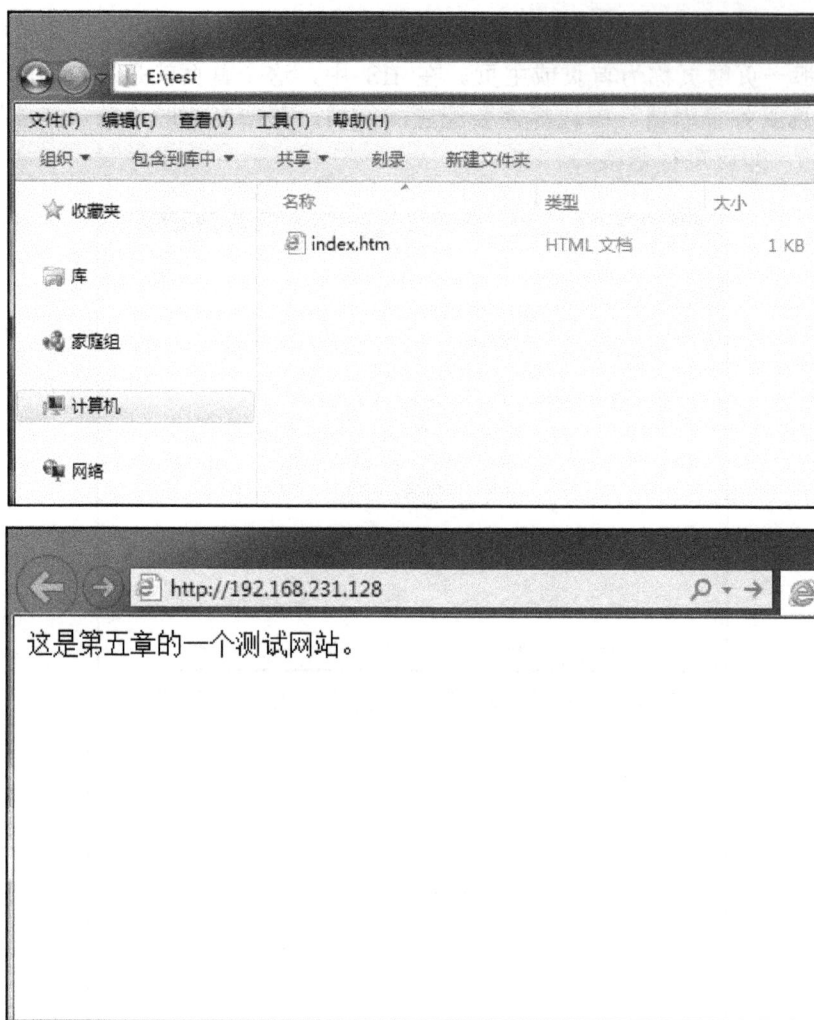

图 5-19　网站范例

5.2.3　FTP 服务器

一、FTP 简介

FTP 是 File Transfer Protocol（文件传输协议）的简称，是互联网上用得非常多的一个协议。通过 FTP 服务器提供的服务，我们可以将自己的文档上传到 FTP 服务器所设定的空间，也可以方便地将 FTP 服务器上的资源下载到本地。整个操作非常简单，类似于我们在 Windows 里将一个文件从一个文件夹拷贝到另一个文件夹一样。

FTP 控制 Internet 上文件的双向传输。同时，它也是一个应用程序（Application）。基于不同的操作系统有不同的 FTP 应用程序，而所有这些应用程序都遵守同一种协议以传输文件。在 FTP 的使用当中，用户经常遇到两个概念："下载"（Download）和"上传"

（Upload）。"下载"文件就是从远程主机拷贝文件至自己的计算机上；"上传"文件就是将文件从自己的计算机中拷贝至远程主机上。用 Internet 语言来说，用户可通过客户机程序向（从）远程主机上传（下载）文件。

FTP 服务器可以以两种方式登录，一种是匿名登录，另一种是使用授权账号与密码登录。

使用 FTP 时必须首先登录，在远程主机上获得相应的权限以后，方可上传或下载文件。也就是说，要想同哪一台计算机传送文件，就必须具有哪一台计算机的适当授权。换言之，除非有用户 ID 和口令，否则便无法传送文件。这种情况违背了 Internet 的开放性，Internet 上的 FTP 主机何止千万，不可能要求每个用户在每一台主机上都拥有帐号。匿名 FTP 就是为解决这个问题而产生的。匿名 FTP 是这样一种机制，用户可通过它连接到远程主机上，并从上面下载文件，而无需成为其注册用户。系统管理员建立了一个特殊的用户 ID，名为 anonymous，Internet 上的任何人在任何地方都可使用该用户 ID。当远程主机提供匿名 FTP 服务时，会指定某些目录向公众开放，允许匿名存取。系统中的其余目录则处于隐匿状态。作为一种安全措施，大多数匿名 FTP 主机都只允许用户从上面下载文件，而不允许用户向其上载文件，也就是说，用户可将匿名 FTP 主机上的所有文件全部拷贝到自己的机器上，但不能将自己机器上的任何一个文件拷贝至匿名 FTP 主机上。要想拥有其他操作权限的话，必须由管理员分配一定的权限，并且以相应的用户名和密码登录才可以。

二、FTP 服务器

上一节我们介绍过，那些能够提供 HTTP 服务的软件系统基本都能够提供 FTP 服务。我们很多时候没有严格去区分它们。当然，我们也可以根据实际去创建独立的 FTP 服务器。例如：在中小学中，为每一位教师分配一个空间，用于存储他们的教学资源。这个时候我们可以利用 FTP 服务器来完成：分配空间、分配账号、分配权限，即可实现教师的需求。

除了上一节介绍的软件之外，还有很多非常专业的 FTP 服务器，比较出名的包括：Serv-U FTP Server、wing ftp server、基于 Linux 的 proftpd 等，还有一些功能简单，可以快速学习和搭建的如：FTPserver 迷你 FTP 服务器、小型 FTP 服务器 Quick Easy FTP Server、Xlight FTP 服务器等等。本节，我们以 Serv-U FTP Server 为例介绍一下 FTP 服务器的搭建。

1. 建立域

安装好 Serv-U 后，启动 Serv-U 的管理控制台，开始配置 Serv-U。第一次运行管理控制台，会弹出一个向导窗口，引导你新建一个域。如果现在不想新建域，可以单击"否"，以后要新建域，就在控制管理台窗口中单击"新建域"按钮来创建一个新域。

这里我们单击"是"来创建新域，在弹出的对话框中输入你分配给 FTP 的域名以及说明，同时勾选"启用域"，如图 5-20 所示。

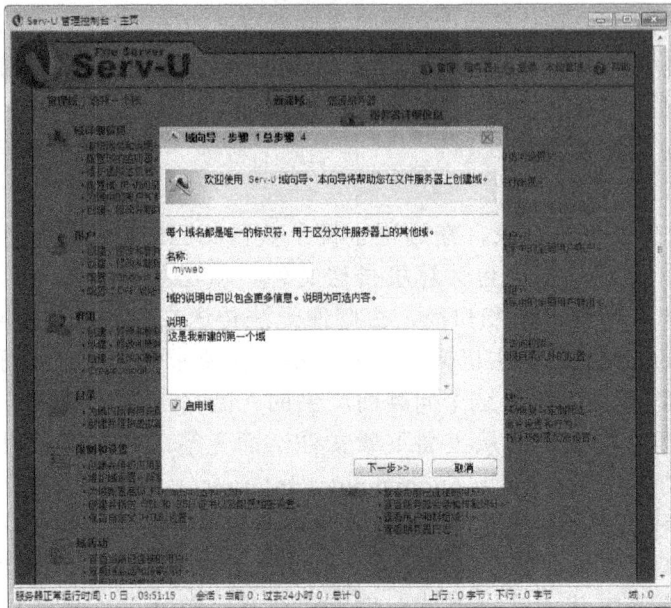

图 5-20　域的名称和说明设置

单击"下一步"，会出现端口配置窗口（如图 5-21），根据你的需要来选择协议。如果你只需要 FTP 服务，可以只勾选 FTP。这里的参数保持默认即可，FTP 端口默认的是 21，如果你有其他需要也可以选择其他端口。

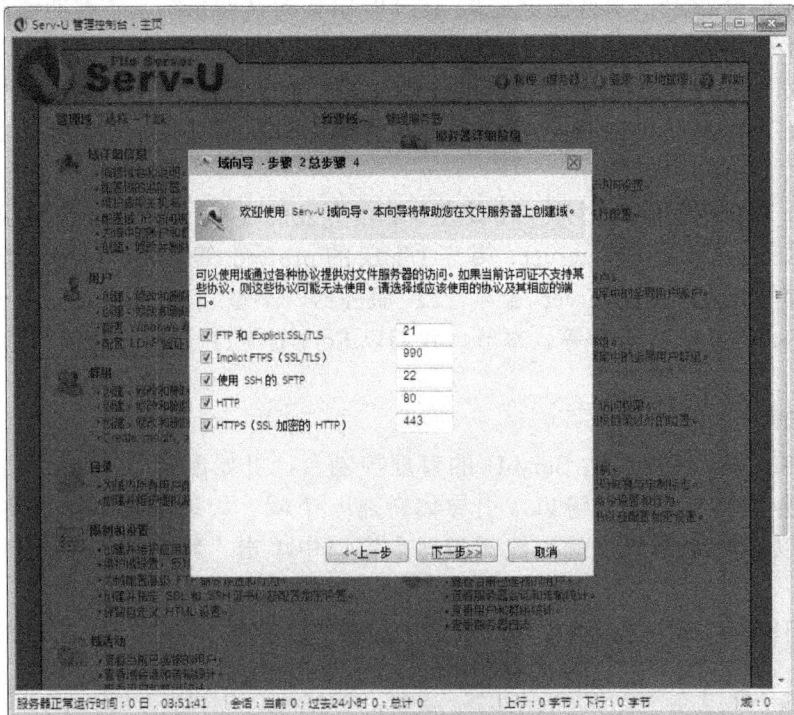

图 5-21　域的端口配置

单击"下一步",弹出如图 5-22 所示的窗口,选择服务的 IP 地址,可以输入本机的 IP 地址,如 192.168.1.102。但是一旦指定了 IP 地址,则只能通过指定 IP 地址访问 Serv-U 服务器,如果你的 IP 地址是动态分配的,或是内网使用,最好选择默认的"所有可用 IP 地址"。

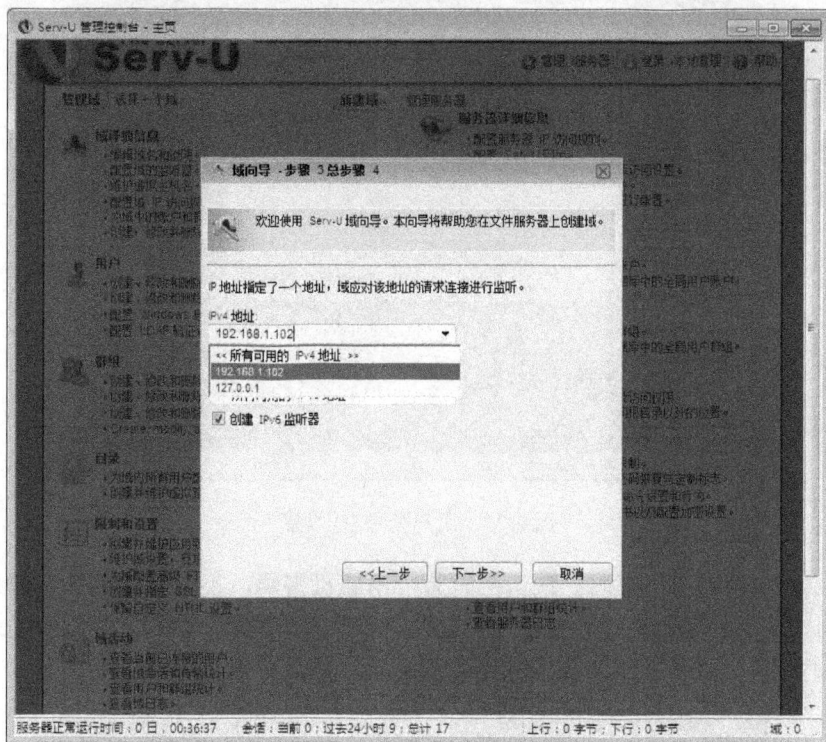

图 5-22 域的 IP 地址配置

单击"下一步",进入服务器安全设置,默认使用服务器设置,即单向加密,比较安全,如果允许用户自己修改和恢复密码,勾选允许用户恢复密码,设置好后,单击"完成"。

2. 新建用户账号

完成了域的创建,要想去访问 FTP 服务器,当然需要创建用户。

在创建好域之后,如果系统中没有创建用户,会弹出对话框询问是否建立新的用户账号。单击"是",询问是否利用向导来创建用户,如果没有使用过,建议使用该向导进行用户的建立,单击"是"开始进行向导建立用户。

在图 5-23 中输入登录 ID,即用户名。这里的用户名是作为访问 FTP 用户身份的,为访问者所持有,域管理员有修改的权限,可以对该用户的权限进行修改和限制。其他全名和电子邮件是可选项目,如果需要也可以填写,填写完成后,单击"下一步"。

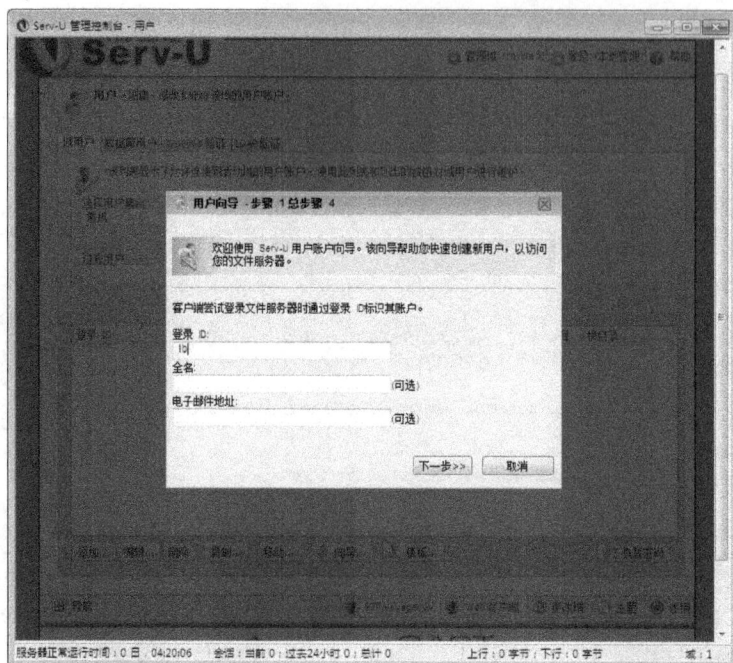

图 5-23　用户登录 ID 设置

在图 5-24 中输入用户密码，默认密码为一串随机密码，不大方便记忆，但是安全性能相对较高。你也可以随意输入方便自己记忆的密码，另外如果需要用户下次登录时修改密码，就勾选"用户必须在下一次登录时更改密码"，然后单击"下一步"。

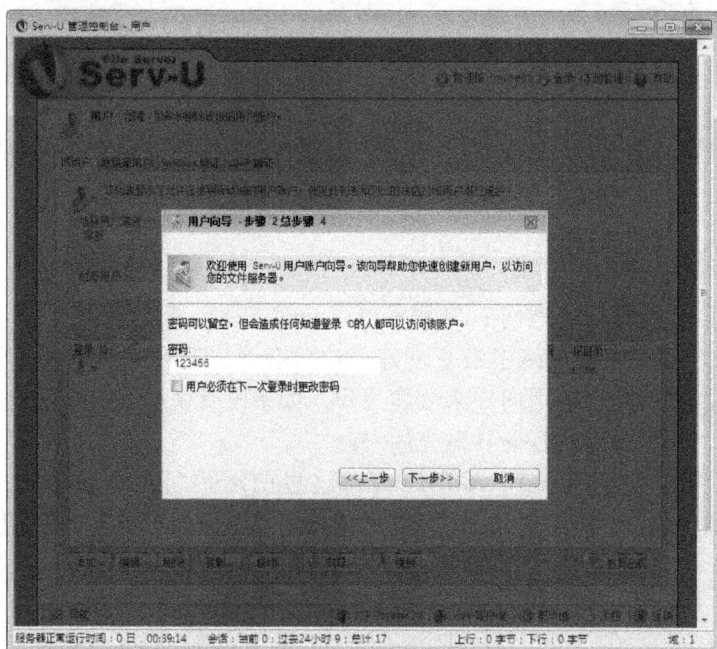

图 5-24　用户登录密码设置

在弹出的窗口中（如图 5-25）设置根目录，也就是用户登录以后停留的物理目录位置，这个目录最好事先手动创建好，然后直接选择。这里我们事先在 E:\ 盘下建立了 FTP 这个目录，所以直接选择，设置好后单击"下一步"。

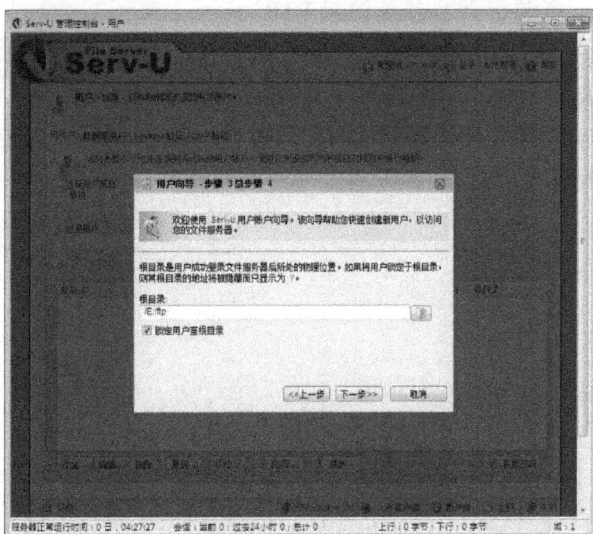

图 5-25　根目录设置

最后弹出如图 5-26 对话框，这里是对用户的访问权限的设定，有只读和完全访问两种。只读的话用户就不能修改目录下的文件信息，将以只读的方式访问。如果用户要下载、上传、修改目录下的文件的话，就要将权限设置为完全访问。单击"完成"，完成用户的创建。

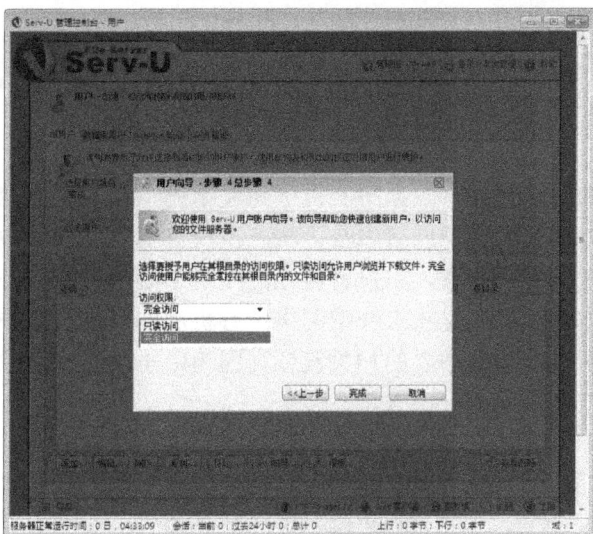

图 5-26　用户访问权限设置

当然，权限（如上传、下载、修改、删除、更名等）还可以在后面进行修改。

3．FTP 的访问

到此我们的用户已经建立好了。那我们现在测试一下 FTP 是否可以用刚才建立的用户访问。

（1）利用 Windows 资源管理器登录访问 FTP

在 IE 浏览器地址栏中输入要访问的 FTP 地址，如：ftp://192.168.1.102，然后在对话框中输入用户名和密码进行登入，即可进入 FTP 服务器设定的目录下（如图 5-27），查看到 FTP 中的文件了。根据设置的权限我们能够对其实现下载到本地和上传文件，可以对相关文件操作测试 FTP 服务器的配置是否成功。

图 5-27　登录 FTP 服务器

类似于 Serv-U 这样的 FTP 服务器还有很多功能，如建立虚拟目录、设置用户及用户组权限、设置账号有效时间、限制用户分配空间的大小、设置 IP 访问控制、记录访问信息日志等等。这些功能非常有益于我们对 FTP 进行管理和维护。此外，如果 FTP 设置用户访问的文件夹与 HTTP 网站对应的文件夹是一致的话，就能很方便地实现将自己的网站上传并快速地在网上进行发布。

5.3　网络中心机房管理与维护

很多地区中小学的网络建设、数据中心机房建设都统一纳入了当地教育局相关部门进行统筹管理，学校并没有设置独立的网络中心机房，也没有专门的网络中心机构。当然，近年来很多学校越来越重视信息化发展，不仅有自己的网络中心、数据中心，有的甚至还建设了学校的私有云平台。本节我们还是重点介绍网络中心机房的管理与维护。这里讲的网络中心机房，也包括了我们所说的数据中心的相关设备，因为中小学并没有像高校或者 ISP 服务商那样按照业务在物理或逻辑上分开部署。

5.3.1　网络中心机房建设与管理

中小学网络中心机房建设应该根据学校具体需求，按照国家标准和当地教育主管部门要求来进行设计与实施。

中心机房建设，必须要按照国家标准进行，如《电子计算机机房设计规范》、《计算站场地技术要求》、《电子计算机机房施工及验收规范》、《计算站场地安全技术》、《安全防范工程程序与要求》等。首先要选好场地，场地尽量选择楼层较低的地方（如果要放置很重的UPS 电池最好选择底楼），此外还应该注意防震、防水、防日照等问题。机房建设既要充分考虑供配电系统、综合布线、消防安全、安防系统、防雷系统，又要考虑到消除静电、隔热保温、防止鼠患等，确保机房的安全。

良好的制度是机房管理的重点。网络中心是校园网及相关业务的中心控制室，承担全校网络系统的数据交换，提供全校的信息服务，管理监控全校的网络情况，所有人员均应严格执行有关规定。网络中心须配备专职管理人员，维护计算机网络设备，保障网络系统的正常运行。每台设备应有指定管理人员进行管理维护，并按照授权进行管理，不得擅自交由他人管理。此外，未经许可，非管理人员不得随意进出网络中心。

做好网络中心设备建帐，网络中心一切设备设施的调入调出应有明确记载，每学期至少核对一次。当然，如果有条件的话可以配备相应的监控设备。

网络中心机房的档案管理非常重要，相关设施设备的说明书、使用手册、系统光盘、拓扑结构、布线结构图、竣工报告等技术资料应完备，并分类存档，以便待查，最好都有相关的电子稿，并存入系统。

管理人员应定期查看网络及各个设备的运行情况登记（包括服务器运行日志、上网日志、数据库运行日志等），及时发现问题并处理。有条件的学校还可以引进全网监控系统，使用系统自动监控所有网络设备、服务器、存储等设备的运行情况，并在发现问题后通过短信、邮件、微信等方式通知管理人员。

此外，管理人员应定期对设备设施进行清洁和运行检查；定期对网络中心的供电电源、防火、防雷设备进行检查，避免安全事故发生；定期对相关软件进行升级；定期对有害信息进行查杀。网络发生故障，管理人员应做好记录、及时维修，保证网络的正常运转。网络出现紧急事件时，管理人员应按照《网络事故紧急预案》处理。

网络中心机房（如图 5-28 所示）有很多的设备，包括环境设备，比如说配电柜、UPS、机柜、桥架、新排风机、精密空调或工业空调、各类环境监控设备等等。放置在机柜中的设备包括路由器、交换机、防火墙，各类的服务器、网络存储，还有一些监控服务器、网络安全产品（如 WEB 应用防火墙、入侵检测系统、漏洞扫描系统等）。

图 5-28　网络中心机房示意图

5.3.2 网络中心机房的维护

　　网络中心机房的日常维护很重要，除了前面提到的制度管理、档案管理，定期查看网络及各个设备的运行情况登记、定期对设备设施进行清洁和运行检查以外，还有很多值得注意的事项，如设备安全、信息安全、数据安全等。

　　有条件的学校可以引进全网监控系统和环境监控系统，这样网络中心机房就可以成为无人值守机房，当有故障发生时会通过各种方式提醒管理员进行处理。

一、机房环境的日常维护

　　对于机房应进行防静电、防灰尘的维护管理，进出机房人员需穿上防静电鞋套，并定期进行除尘操作。定期检查电器设备和电子设备状况，认真检查空调、排风系统，定期进行清洗，并更换滤网。注意监控机房的温度和湿度，保障设备的良好的运行环境。

二、数据的容灾与备份

　　数据是学校非常重要的"资产"。当数据遭到破坏时，就是一场灾难。这正是进行数据容灾与备份的重要性。数据中心进行备份是非常重要的。下面就简单介绍一下数据安全的问题。

　　1．数据备份

　　所谓备份，是指通过特定的办法，将数据库的必要文件复制到转储设备的过程。其中，转储设备是指用于放置数据库拷贝的磁盘、优盘或者光盘的设备。根据中小学网络中心的实际情况，常用的备份方法有：

　　1）定期备份数据。备份数据存放的地点应该与中心机房所在的地点分隔开。

　　2）设置自动备份。可以通过编写相关脚本，将重要数据从一台机器上备份到另一台机器上。当然，必须要有足够的空间。

　　3）使用专业设备，如备份一体机（如图 5-29）。选择需要备份的数据向备份设备实时、定时地发送数据。爱数、曙光、浪潮、华为等国内厂商都有备份一体机或相关产品。

图 5-29　国产备份一体机

　　2．数据容灾

　　数据容灾是指建立一个异地的数据系统，以保护数据安全和提高数据的持续可用性。目前从中小学的需求上来看，暂无太大必要去实现数据容灾。

3．数据恢复等问题

数据备份必须要考虑到数据恢复的问题，包括采用双机热备、磁盘镜像或容错、备份磁带异地存放、关键部件冗余等多种灾难预防措施。这些措施能够在系统发生故障后进行系统恢复。学校可以根据自己的实际情况来进行规划和建设。

4．数据加密

如果备份包含敏感的数据，应该采取加密保护措施。许多自动备份工具都提供了可靠的加密功能，可以帮助你设置加密。加密的密码要有一定的长度和大小写字母、数字、特殊字符的组合。

三、网络信息安全

1．国家关于信息安全的政策

国家出台有《计算机信息网络国际互联网安全保护管理办法》、《互联网安全保护技术措施规定》等关于网络安全的规定。其中，在计算机信息网络国际互联网安全保护管理办法中有这些条款需要重点注意：

第七条　互联网服务提供者和联网使用单位应当落实以下互联网安全保护技术措施：

（一）防范计算机病毒、网络入侵和攻击破坏等危害网络安全事项或行为的技术措施；

（二）重要数据库和系统主要设备的容灾备份措施；

（三）记录并留存用户登录和退出时间、主叫号码、账号、互联网地址或域名、系统维护日志的技术措施；

（四）法律、法规和规章规定应当落实的其他安全保护技术措施。

第八条　提供互联网接入服务的单位除落实本规定第七条规定的互联网安全保护技术措施外，还应当落实具有以下功能的安全保护技术措施：

（一）记录并留存用户注册信息；

（二）使用内部网络地址与互联网网络地址转换方式为用户提供接入服务的，能够记录并留存用户使用的互联网网络地址和内部网络地址对应关系；

（三）记录、跟踪网络运行状态，监测、记录网络安全事件等安全审计功能。

第九条　提供互联网信息服务的单位除落实本规定第七条规定的互联网安全保护技术措施外，还应当落实具有以下功能的安全保护技术措施：

（一）在公共信息服务中发现、停止传输违法信息，并保留相关记录；

（二）提供新闻、出版以及电子公告等服务的，能够记录并留存发布的信息内容及发布时间；

（三）开办门户网站、新闻网站、电子商务网站的，能够防范网站、网页被篡改，被篡改后能够自动恢复；

（四）开办电子公告服务的，具有用户注册信息和发布信息审计功能；

（五）开办电子邮件和网上短信息服务的，能够防范、清除以群发方式发送伪造、隐匿信息发送者真实标记的电子邮件或者短信息。

2．网络信息安全设备

网络信息安全设备（如图 5-30 所示）有很多，学校可以根据自身实际，选择使用相应的安全设备。常见的设备包括：防火墙（包含 WEB 应用防火墙、二代防火墙等）、入侵检测、入侵防御、漏洞扫描、安全审计、防病毒、流量监控、网闸、堡垒机等。防火墙是最重要的安全设备之一，建议学校配置。国内生产网络安全设备的厂商很多，包括网神、启明星辰、绿盟、深信服、迪普等。

图 5-30　网络安全产品

3．网络信息安全

为了抵御各类有害入侵，增加各个系统的抗风险能力，系统应该经常性地升级，打好各个补丁。杀毒软件也要经常升级，并定期做好扫描和病毒木马查杀工作。

定期检查网站和信息系统能否正常、稳定地运行，网站源码和有关素材有无被修改的痕迹，网站和信息系统数据是否出现了异常情况，网站源码有无安全隐患（可定期通过搜索引擎或者是在指定安全网站如 www.wooyun.org 上检索），网站和信息系统数据备份是否正常，网站本身数据和网站访问日志数据是否正常等。

对于系统账号，一是排查有无弱口令现象（有的学校系统管理员口令很简单甚至没有设置，很容易导致系统数据的盗取或删除串改。根据社会工程学，像以姓名、生日、车牌、电话、身份证、学校名称拼音、全部为 0、123456 这样简单组合的口令都存在着较大的安全隐患），网站及信息系统管理员是否出现密码被改的情况，是否出现系统管理员无故增加，管理员后台登录日志有无异常（登录时间，登录 IP 地址），网站及信息系统是否允许帐号注册等，还需要养成定期更改管理员密码的习惯。

经常检查网站及信息日志，通过日志分析工具分析网站日志有没有出现异常现象，网站访问日志和管理员后台访问日志有无备份措施。

附:

中小学教师教育技术能力标准

（试　行）

为提高中小学教师教育技术能力水平，促进教师专业能力发展，根据《中华人民共和国教师法》和《中小学教师继续教育规定》有关精神，特制定《中小学教师教育技术能力标准(试行)》。

本标准适用于中小学教学人员、中小学管理人员、中小学技术支持人员教育技术能力的培训与考核。

第一部分　教学人员教育技术能力标准

一、意识与态度

（一）重要性的认识

1．能够认识到教育技术的有效应用对于推进教育信息化、促进教育改革和实施国家课程标准的重要作用。

2．能够认识到教育技术能力是教师专业素质的必要组成部分。

3．能够认识到教育技术的有效应用对于优化教学过程、培养创新型人才的重要作用。

（二）应用意识

1．具有在教学中应用教育技术的意识。

2．具有在教学中开展信息技术与课程整合、进行教学改革研究的意识。

3．具有运用教育技术不断丰富学习资源的意识。

4．具有关注新技术发展并尝试将新技术应用于教学的意识。

（三）评价与反思

1．具有对教学资源的利用进行评价与反思的意识。

2．具有对教学过程进行评价与反思的意识。

3．具有对教学效果与效率进行评价与反思的意识。

（四）终身学习

1．具有不断学习新知识和新技术以完善自身素质结构的意识与态度。

2．具有利用教育技术进行终身学习以实现专业发展与个人发展的意识与态度。

二、知识与技能

（一）基本知识

1．了解教育技术基本概念。

2．理解教育技术的主要理论基础。

3．掌握教育技术理论的基本内容。

4．了解基本的教育技术研究方法。

（二）基本技能

1．掌握信息检索、加工与利用的方法。

2．掌握常见教学媒体选择与开发的方法。

3．掌握教学系统设计的一般方法。

4．掌握教学资源管理、教学过程管理和项目管理的方法。

5．掌握教学媒体、教学资源、教学过程与教学效果的评价方法。

三、应用与创新

（一）教学设计与实施

1．能够正确地描述教学目标、分析教学内容，并能根据学生特点和教学条件设计有效的教学活动。

2．积极开展信息技术与课程的整合，探索信息技术与课程整合的有效途径。

3．能为学生提供各种运用技术进行实践的机会，并进行有针对性的指导。

4．能应用技术开展对学生的评价和对教学过程的评价。

（二）教学支持与管理

1．能够收集、甄别、整合、应用与学科相关的教学资源以优化教学环境。

2．能在教学中对教学资源进行有效管理。

3．能在教学中对学习活动进行有效管理。

4．能在教学中对教学过程进行有效管理。

（三）科研与发展

1．能结合学科教学进行教育技术应用的研究。

2．能针对学科教学中教育技术应用的效果进行研究。

3．能充分利用信息技术学习业务知识，发展自身的业务能力。

（四）合作与交流

1．能利用技术与学生就学习进行交流。

2．能利用技术与家长就学生情况进行交流。

3．能利用技术与同事在教学和科研方面广泛开展合作与交流。

4．能利用技术与教育管理人员就教育管理工作进行沟通。

5．能利用技术与技术人员在教学资源的设计、选择与开发等方面进行合作与交流。

6．能利用技术与学科专家、教育技术专家就教育技术的应用进行交流与合作。

四、社会责任

（一）公平利用

努力使不同性别、不同经济状况的学生在学习资源的利用上享有均等的机会。

（二）有效应用

努力使不同背景、不同性格和能力的学生均能利用学习资源得到良好发展。

（三）健康使用

促进学生正确地使用学习资源，以营造良好的学习环境。

（四）规范行为

能向学生示范并传授与技术利用有关的法律法规知识和伦理道德观念。

第二部分　管理人员教育技术能力标准

一、意识与态度

（一）重要性的认识

1．能够认识到教育技术的有效应用对于推进教育信息化、促进教育改革和实施国家课程标准的重要作用。

2．能够认识到教育技术能力是教师专业素质的必要组成部分。

3．能够认识到教育技术的有效应用对于优化教学过程、培养创新型人才的重要作用。

（二）应用意识

1．具有推动在管理中应用教育技术的意识。

2．具有推动在教学中开展信息技术与课程整合、促进教育教学改革研究的意识。

3．具有支持教师运用教育技术不断丰富学习资源的意识。

4．具有密切关注新技术的价值并不断挖掘其教育应用潜力的意识。

（三）评价与反思

1．具有促进对教学资源的利用进行评价与反思的意识。

2．具有促进对教学过程进行评价与反思的意识。

3．具有促进对教学效果与效率进行评价与反思的意识。

4．具有对教学管理的效果进行评价与反思的意识。

（四）终身学习

1．具有不断学习新知识和新技术以提高自身管理水平的意识与态度。

2．具有利用教育技术进行终身学习以实现管理能力与个人素质不断提高的意识与态度。

3．具有利用教育技术为教师创造终身学习环境的意识与态度。

二、知识与技能

（一）基本知识

1．了解教育思想、观念和教育技术的发展趋势。

2．了解教育技术的基本概念和应用范畴。

3．了解教育技术的基本理论。

4．掌握绩效技术、知识管理和课程开发的基本知识。

（二）基本技能

1．掌握信息检索、加工与利用的方法。

2．掌握资源管理、过程管理和项目管理的方法。

3．掌握教学媒体、教学资源、教学过程与教学效果的评价方法。

4．掌握课程规划、设计、开发、实施与评价的方法。

三、应用与创新

（一）决策与规划

1．制定并实施教育技术应用计划以及应用技术来促进教育教学改革的条例与法规。

2．能够根据地区特点和实际教育状况，宏观调配学习资源，规划和设计教育系统。

3．能够有效应用信息技术和统计数据辅助决策过程。

（二)组织与运用

1．能组织与协调各种资源，保证教育技术应用计划的贯彻和执行。

2．能组织与协调各种资源，促进信息化学习环境的创建。

3．能组织与协调各种资源，支持信息化的教学活动。

4．能运用技术辅助教学组织和教学实施。

（三）评估与发展

1．能使用多种方法对教师和管理人员的教育技术应用效果进行评价。

2．能运用技术辅助对管理体制和运行机制进行评价。

3．能采取多种措施推动技术体系的不断改进，支持技术的周期性更新。

4．能充分利用技术手段为教师、学生和管理者的发展提供更多机会。

5．能充分运用技术改善教育教学条件，并为教师提供教育技术培训的机会。

（四)合作与交流

1．能利用技术与教学人员就教学工作进行交流。

2．能利用技术与技术人员就学习支持与服务进行交流。

3．能利用技术与家长及学生就学生发展与成长进行交流。

4．能利用技术与同事就管理工作进行合作与交流。

四、社会责任

（一）公平利用

能够在管理制度上保障所有的教师和学生均能利用学习资源得到良好发展。

（二)有效应用

1．能够促进学习资源的应用潜能得到最大化的发挥。

2．能够促进技术应用达到预期效果。

（三）安全使用

1．能确保技术环境的安全性。

2．能提高技术应用的安全性。

（四)规范行为

1．努力加强信息道德的宣传与教育。

2．努力规范技术应用的行为与言论。

3．具有技术环境下知识产权保护的意识，并能够以实际行动维护这种知识产权。

第三部分 技术人员教育技术能力标准

一、意识与态度

（一）重要性的认识

1．能够认识到教育技术的有效应用对于推进教育信息化、促进教育改革和实施国家课程标准的重要作用。

2．能够认识到教育技术应用能力是教师专业素质的重要组成部分。

3．能够认识到教育技术的有效应用对于优化教学过程、培养创新型人才的重要作用。

（二)应用意识

1．具有研究与推进信息技术与课程整合的意识。

2．具有利用技术不断优化学习资源和学习环境的意识。

3．具有积极辅助与支持教学人员和管理人员应用教育技术的意识。

4．具有不断尝试应用新技术并探索其应用潜力的意识。

（三）评价与反思

1．具有对技术及应用方案进行选择和评价的意识。

2．具有对技术开发进行评价与反思的意识。

3．具有对技术支持进行评价与反思的意识。

4．具有对教学资源管理进行评价与反思的意识。

（四)终身学习

1．具有积极学习新知识与新技术以提高业务水平的意识。

2．具有利用教育技术进行终身学习以不断提高个人素质的意识。

二、知识与技能

（一）基本知识

1．了解教育思想、观念和技术的发展趋势。

2．了解教育技术的基本概念和应用范畴。

3．掌握现代教学媒体特别是计算机与网络通信的原理与应用。

（二）基本技能

1．掌握信息检索、加工与利用的方法。

2．了解教学系统设计与开发的方法。

3．掌握教学媒体的设计与开发的技术。

4．掌握教学媒体的维护与管理的方法。

5．掌握学习资源维护与管理的方法。

6．掌握对教学媒体、学习资源的评价方法。

三、应用与创新

（一）设计与开发。

1．参与本单位教育信息化建设方案的整体规划与设计。

2．能够设计与开发本单位的信息化学习环境。

3．能够收集、整理已有学习资源并设计与开发符合教学需要的学习资源。

（二）应用与管理

1．能够为教学人员的教学和科研工作提供技术支持与服务。

2．能够为管理人员的管理和评估工作提供技术支持与服务。

3．能够对学习资源与学习环境的使用进行有效的管理与维护。

（三)评估与发展

1．能够对学习资源和学习环境的开发与应用效果进行评估，并提出发展建议。

2．能够对自身的技术服务和管理工作进行评估，并反省自身的技术服务和业务水平。

3．能够参与本校教师教育技术应用效果的评估工作，并提出发展建议。

4．能够参与制定本校教师教育技术培训方案并实施。

（四）合作与交流

1．能利用技术与教师就教育技术在教学中的应用效果进行交流。

2．能利用技术与管理人员进行交流。

3．能利用技术与学生及家长进行交流。

4．能利用技术与同行及技术专家进行交流。

四、社会责任

（一)公平利用

能够通过有效的统筹安排保障所有的教师和学生均能利用学习资源得到良好发展。

（二）有效应用

1．能不断加强信息资源的管理。

2．能不断提高教育技术应用的有效性。

（三)安全使用

1．努力提高技术应用环境的信息安全。

2．能为教师和学生提供安全、可靠的技术服务。

（四）规范行为

1．努力加强技术环境下信息资源的规范管理。

2．努力规范技术应用的行为方式。

参考文献

[1] 何光普，唐前军.现代教育技术（上册）[M].武汉：武汉大学出版社，2013.

[2] 付蓉.现代教育技术（文科）（中册）[M].武汉：武汉大学出版社，2014.

[3] 何克抗.计算机辅助教育[M].北京：高等教育出版社，1997.

[4] 于娜.怎样看待多媒体课件在教学中的作用[J].小学数学教学参考，2008(6).

[5] 牟艳娜.物联网会给基础教育带来什么[J].中小学信息技术教育，2014.5.

[6] 教育部.教育信息化十年发展规划（2011-2020年）.2012.3.

[7] 教育部办公厅.中小学教师信息技术应用能力标准（试行）.2014.5.

[8] 金桦勇.现代教育技术对学校管理中的作用.http://www.jxteacher.com/jhy/column70802/
df444ba8-f7e8-4dcf-be46-e26ab59f7927.html.

[9] 周文娟.浅谈信息技术促教师专业发展.http://old.yledu.net.cn/Djz/Jxzh/201202/35881.html.

[10] Daniel Light.信息技术对学生学习和发展的影响.美国教育发展中心.http://www.yanxiu.com

[11] 现代教育技术（教育教学中的理论与技）.http://www.lyggjzx.cn/show.aspx?id=2016&cid=49